EL ÚLTIMO LIBRO DE COCINA CHIMICHURI

Desde clásicos a la parrilla hasta giros contemporáneos, descubra la versatilidad del chimichurri en 100 recetas

Amparo Lorenzo

Material con derechos de autor ©2024

Reservados todos los derechos

Ninguna parte de este libro puede usarse ni transmitirse de ninguna forma ni por ningún medio sin el debido consentimiento por escrito del editor y del propietario de los derechos de autor, excepto las breves citas utilizadas en una reseña. Este libro no debe considerarse un sustituto del asesoramiento médico, legal o de otro tipo profesional.

TABLA DE CONTENIDO

TABLA DE CONTENIDO..3
INTRODUCCIÓN..7
SALSAS CHIMICHURRI...9
1. CHIMICHURRI CLÁSICO...10
2. SALSA CHIMICHURRI DE CALDO DE RES......................................12
3. CHIMICHURRI VERDE..14
4. CHIMICHURRI HÚNGARO..17
5. MARADONA CHIMICHURRI..19
6. CHIMICHURRI DE CÍTRICOS..21
7. CHIMICHURRI DE CHIPOTLE AHUMADO...................................23
8. CHIMICHURRI DE LIMA Y MIEL...25
9. CHIMICHURRI DE AGUACATE..27
10. CHIMICHURRI DE MANGO Y HABANERO.................................29
11. CHIMICHURRI DE PIMIENTO ROJO ASADO.............................31
12. CHIMICHURRI DE PIÑA Y MENTA..33
13. CHIMICHURRI DE TOMATE Y ALBAHACA.................................35
14. CHIMICHURRI DE MANGO Y MENTA......................................37
15. CHIMICHURRI DE PIÑONES..39
16. CHIMICHURRI DE AJO ASADO..41
17. CHIMICHURRI DE LIMÓN Y ENELDO.......................................43
18. CHIMICHURRI DE LIMA Y CILANTRO......................................45
19. CHIMICHURRI CON PESTO...47
20. CHIMICHURRI DE JENGIBRE Y SÉSAMO................................49
21. CHIMICHURRI DE TOMATE SECADO AL SOL..........................51
22. CHIMICHURRI DE JALAPEÑO Y CILANTRO.............................53
23. CHIMICHURRI TAILANDÉS DE ALBAHACA..............................55
24. CHIMICHURRI MEDITERRÁNEO DE OLIVAS............................57
25. CHIMICHURRI DE FRAMBUESA Y MENTA...............................59
26. CHIMICHURRI DE MANGO PICANTE......................................61
27. CHIMICHURRI DE FRIJOLES NEGROS....................................63
28. CHIMICHURRI DE MAÍZ ASADO...65
29. RANCHO CHIMICHURRI...67
30. CHIMICHURRI DE CURRY DE COCO......................................69

31. CHIMICHURRI SRIRACHA CON MIEL..................................71
32. CHIMICHURRI MEDITERRÁNEO DE TOMATES SECOS................73
33. CHIMICHURRI DE SÉSAMO Y CILANTRO............................75
CHIMICHURRI Y MARISCOS...77
34. GAMBAS CON SALSA CHIMICHURRI.................................78
35. SALMÓN CHIMICHURRI..80
36. BACALAO AL HORNO CON CHIMICHURRI...........................82
37. GAMBAS AL CHIMICHURRI CON GAMBAS...........................84
38. GAMBAS AL CHIMICHURRI CON MANTEQUILLA DE AJO............87
39. VIEIRAS BRASEADAS CON CHIMICHURRI............................89
40. TAZONES DE ARROZ INTEGRAL CON PESCADO CHAMUSCADO Y CHIMICHURRI..91
41. FLETÁN AL HORNO CON CHIMICHURRI.............................94
42. CAMARONES CHIMICHURRI DE COCO...............................96
43. BACALAO ESCALFADO AL CHIMICHURRI............................99
44. TACOS DE CHIMICHURRI Y MAHI MAHI............................101
45. TORTAS DE CANGREJO CHIMICHURRI.............................104
46. TACOS DE PESCADO A LA PARRILLA CON CHIMICHURRI.........107
47. PEZ ESPADA A LA PARRILLA CON CHIMICHURRI.................109
48. VIEIRAS A LA PARRILLA CON CHIMICHURRI......................111
49. COLAS DE LANGOSTA A LA PARRILLA CON CHIMICHURRI.......113
50. SALMÓN A LA PARRILLA CON CHIMICHURRI......................115
51. CALAMARES A LA PARRILLA AL CHIMICHURRI....................117
52. CHIMICHURRI MAHI MAHI A LA PARRILLA........................119
53. FILETES DE ATÚN A LA PARRILLA CON CHIMICHURRI...........121
CHIMICHURRI Y ENSALADAS..123
54. ENSALADA DE CHIMICHURRI......................................124
55. ENSALADA DE CHIMICHURRI DE CERDO..........................126
56. ENSALADA DE PATATA CHIMICHURRI............................128
57. ENSALADA DE CHIMICHURRI Y QUINUA..........................130
58. ENSALADA DE MAÍZ CHIMICHURRI...............................133
59. ENSALADA CHIMICHURRI DE AGUACATE.........................136
60. ENSALADA DE PASTA CON CHIMICHURRI........................138
61. ENSALADA DE FRIJOLES NEGROS CON CHIMICHURRI...........140
62. ENSALADA DE PEPINO CHIMICHURRI............................143
63. PATATAS ASADAS AL CHIMICHURRI..............................146

CHIMICHURRI Y AVES DE CORRAL..149
64. PAILLARDS DE POLLO AL CHIMICHURRI CON BATATA............150
65. POLLO ASADO DOMINICAL CON SALSA CHIMICHURRI............153
66. TAZONES DE POLLO CHIMICHURRI..156
67. PECHUGA DE POLLO CHIMICHURRI..159
68. ALBÓNDIGAS DE PAVO AL CHIMICHURRI..................................161
69. BROCHETAS DE POLLO A LA PARRILLA CON CHIMICHURRI......164
70. PECHUGA DE POLLO RELLENA DE CHIMICHURRI......................166
CHIMICHURRI Y CARNE...169
71. PLATO DE VERDURAS A LA PARRILLA CON CHIMICHURRI........170
72. PECHUGA A LA PARRILLA CON SALSA CHIMICHURRI...............172
73. FILETE A LA PARRILLA CON CHIMICHURRI DE MARACUYÁ.......174
74. TAZONES DE TACO DE CORDERO Y COLIFLOR ASADA CON CHIMICHURRI...176
75. FILETE A LA PARRILLA CON CHIMICHURRI...............................179
76. CHULETAS DE CERDO A LA PARRILLA CON CHIMICHURRI........181
77. CHULETAS DE CORDERO A LA PARRILLA CON CHIMICHURRI...183
78. COSTILLAR ESTILO CHIMICHURRI CALIFORNIANO....................185
CHIMICHURRI Y VERDURAS...188
79. CHIMICHURRI DE VERDURAS ASADAS....................................189
80. PIZZA DE BOSQUE SUAVE MICROVERDE................................192
81. ENSALADA DE VERDURAS A LA PARRILLA CON CHIMICHURRI. 195
82. TOFU A LA PARRILLA CON CHIMICHURRI.................................197
83. BROCHETAS DE VERDURAS A LA PARRILLA CON CHIMICHURRI 199
84. CHAMPIÑONES PORTOBELLO A LA PARRILLA CON CHIMICHURRI 201
85. PIMIENTOS RELLENOS DE CHIMICHURRI.................................203
86. BARQUITOS DE CALABACÍN RELLENOS DE CHIMICHURRI........206
87. FILETES DE COLIFLOR CON CHIMICHURRI................................209
88. ESPÁRRAGOS A LA PARRILLA CON CHIMICHURRI....................211
89. COLES DE BRUSELAS ASADAS CON CHIMICHURRI..................213
90. WRAPS VEGETARIANOS CON CHIMICHURRI............................215
91. MAZORCA DE MAÍZ ASADA CON CHIMICHURRI.......................218
92. CHIMICHURRI PISTO...220
SOPAS CHIMICHURRI..223

93. SOPA DE POLLO CHIMICHURRI..224
94. SOPA CHIMICHURRI DE FRIJOLES NEGROS.............................227
95. SOPA CHIMICHURRI DE LENTEJAS..230
96. SOPA DE TOMATE CHIMICHURRI..233
97. SOPA DE VERDURAS CHIMICHURRI..236
98. SOPA DE PATATA CHIMICHURRI..239
99. SOPA DE MAÍZ CHIMICHURRI..242
100. SOPA DE CALABAZA CHIMICHURRI..245
CONCLUSIÓN...248

INTRODUCCIÓN

Bienvenido a "EL ÚLTIMO LIBRO DE COCINA CHIMICHURI", su pasaporte para explorar el vibrante y versátil mundo de la salsa chimichurri. Originario de Argentina, el chimichurri es un condimento herbáceo y sabroso que se ha convertido en un alimento básico muy apreciado en las cocinas de todo el mundo. En este completo libro de cocina, lo invitamos a descubrir las infinitas posibilidades del chimichurri, desde clásicos tradicionales a la parrilla hasta innovadores giros contemporáneos.

La salsa chimichurri es una maravilla culinaria, conocida por sus sabores brillantes, hierbas aromáticas y sabor picante. Si bien a menudo se asocia con carnes a la parrilla, la versatilidad del chimichurri no conoce límites. En este libro, aprenderá a utilizar el chimichurri para realzar una amplia variedad de platos, desde mariscos y verduras hasta pasta y sándwiches.

Ya sea que sea un chef experimentado o un cocinero casero que busque agregar emoción a sus comidas, "El libro de cocina definitivo sobre chimichurri" tiene algo para todos. Con más de 100 recetas meticulosamente seleccionadas para mostrar las diversas aplicaciones del chimichurri, te embarcarás en un viaje culinario que celebra la creatividad, el sabor y la exploración.

Únase a nosotros mientras nos adentramos en el mundo del chimichurri, explorando su rica historia, significado cultural y potencial culinario. Con recetas fáciles de seguir, consejos útiles y fotografías impresionantes que lo guiarán en el camino, este libro de cocina es su recurso definitivo para dominar el arte del chimichurri e incorporarlo a su repertorio culinario diario.

Así que reúne tus ingredientes, afila tus cuchillos y prepárate para desatar los vibrantes sabores del chimichurri en tu cocina. Ya sea que esté preparando un banquete en el patio trasero o preparando una cena rápida entre semana, "EL ÚLTIMO LIBRO DE COCINA CHIMICHURI" es su guía para experimentar la magia de esta salsa icónica en cada bocado.

SALSAS CHIMICHURRI

1. Chimichurri Clásico

INGREDIENTES:
- 1 taza de hojas de perejil fresco, picado
- 1/4 taza de hojas de cilantro fresco, picadas
- 3 dientes de ajo, picados
- 1/2 taza de aceite de oliva
- 2 cucharadas de vinagre de vino tinto
- 1 cucharadita de orégano seco
- 1/2 cucharadita de hojuelas de pimiento rojo
- Sal y pimienta negra al gusto

INSTRUCCIONES:
a) En un tazón, combine el perejil, el cilantro, el ajo, el aceite de oliva, el vinagre de vino tinto, el orégano seco, las hojuelas de pimiento rojo, la sal y la pimienta negra.
b) Revuelva bien para combinar.
c) Deje reposar el chimichurri durante al menos 30 minutos antes de servir para permitir que los sabores se mezclen.
d) Guarde las sobras en un recipiente hermético en el refrigerador.

2. Salsa Chimichurri De Caldo De Res

INGREDIENTES:
- 1 taza de perejil fresco ligeramente compactado
- ¼ de taza de vinagre de vino tinto orgánico
- 2 dientes de ajo grandes
- ¼ taza de aceite de oliva extra virgen
- 1 cucharadita de tomillo seco
- ½ cucharadita de sal
- ¼ cucharadita de hojuelas de pimiento rojo
- ⅛ cucharadita de pimienta negra recién molida
- ¼ taza de caldo de huesos de res
- ¼ de aguacate maduro

INSTRUCCIONES:
a) Coloque todos los ingredientes en un procesador de alimentos, licue durante unos 30 segundos o hasta que todos los ingredientes estén bien combinados. Si queda demasiado líquido para tu gusto, agrega más aguacate. Si queda demasiado espeso, agregue más caldo de huesos de res.

b) Vierta la salsa chimichurri en un frasco de vidrio de 8 onzas. Cubra y guárdelo en el refrigerador hasta por 2 semanas.

3. Chimichurri Verde

INGREDIENTES:
- 2 tazas de perejil recién picado
- 1 taza de cilantro recién picado
- 2 cebolletas, tanto la parte blanca como la verde, picadas
- 4 dientes de ajo, picados
- 1 chile rojo fresco (como cayena o tabasco), sin tallos y picado
- 1½ cucharaditas de sal no yodada
- ¼ de taza de vinagre de vino tinto
- ¼ de taza de aceite de oliva, para servir

INSTRUCCIONES:
a) En un tazón, combine el perejil, el cilantro, las cebolletas, el ajo y el chile rojo. Espolvorea con sal. Con las manos, masajee la sal en las verduras. Déjelo reposar durante 10 minutos para permitir que se forme una salmuera.

b) Una vez que se haya liberado la salmuera natural, empaque la mezcla y la salmuera en un frasco limpio. Presiona la mezcla hasta que la salmuera cubra las verduras.

c) Coloque un cartucho, si lo usa, luego enrosque bien la tapa y guarde el frasco a temperatura ambiente, lejos de la luz solar directa, para que fermente durante 5 días. Haga eructar el frasco diariamente.

d) Una vez que se complete la fermentación, combine el fermento y el vinagre de vino tinto en una licuadora o procesador de alimentos. Licue hasta que esté bien combinado.

e) Guarda el chimichurri en el refrigerador hasta por 3 meses.

f) Cuando esté listo para servir, agregue 1 cucharada de aceite de oliva por $\frac{1}{4}$ de taza de chimichurri.

4. Chimichurri húngaro

INGREDIENTES:
- 2/3 taza de perejil de hoja plana picado
- 1/3 taza de ajo picado grueso
- 1/2 taza de aceite vegetal
- 1/4 taza de vinagre de manzana
- 1 cucharadita de sal gruesa
- 1 cucharadita de pimienta negra recién molida
- 1 cucharadita de pimienta de cayena
- 3 cucharadas de pimentón
- 1 cucharada de orégano seco
- 1 1/2 cucharadas de vinagre balsámico

INSTRUCCIONES:
a) Combina todos los ingredientes en un frasco.
b) Agite hasta que esté bien combinado.
c) Servir como condimento para carnes a la parrilla.
d) Es mejor prepararlo con varios días de anticipación y refrigerarlo hasta que sea necesario.
e) ¡Disfruta de tu sabroso chimichurri húngaro con carnes a la parrilla!

5. Maradona Chimichurri

INGREDIENTES:
- 1 cebolla, picada en trozos grandes
- 1 pimiento verde, sin semillas y picado en trozos grandes
- 1 tomate, picado en trozos grandes
- 2 cucharadas de hojas de perejil fresco
- 2 dientes de ajo, picados en trozos grandes
- 5 cucharadas de vinagre de vino blanco
- 2 cucharadas de aceite de oliva
- Sal y pimienta negra recién molida

INSTRUCCIONES:
a) Coloque la cebolla, el pimiento verde, el tomate, el perejil y el ajo en una licuadora o procesador de alimentos y mezcle hasta que estén finamente picados.
b) Agrega el vinagre y el aceite, vuelve a batir y sazona al gusto con sal y pimienta negra recién molida.
c) Antes de servir, dejar enfriar durante aproximadamente una hora.
d) ¡Disfruta de tu Maradona Chimichurri como un sabroso condimento!

6. Chimichurri de cítricos

INGREDIENTES:
- 1 taza de hojas de cilantro fresco
- 1 taza de hojas de perejil fresco
- Ralladura y jugo de 1 naranja
- Ralladura y jugo de 1 lima
- 3 dientes de ajo, picados
- 1/4 taza de vinagre de vino tinto
- 1/2 taza de aceite de oliva
- Sal y pimienta para probar

INSTRUCCIONES:
a) En un procesador de alimentos, combine el cilantro, el perejil, la ralladura de naranja, la ralladura de lima, el ajo y el vinagre de vino tinto. Pulse hasta que esté finamente picado.
b) Con el procesador en marcha, rocíe lentamente el aceite de oliva hasta que la mezcla esté emulsionada.
c) Sazone con sal y pimienta al gusto.
d) Sirva inmediatamente o refrigere hasta que esté listo para usar.

7. Chimichurri de chipotle ahumado

INGREDIENTES:
- 1 taza de hojas de perejil fresco
- 1/2 taza de hojas de cilantro fresco
- 2 chiles chipotles en salsa adobo
- 3 dientes de ajo, picados
- 1/4 taza de vinagre de vino tinto
- 1/2 taza de aceite de oliva
- 1 cucharadita de pimentón ahumado
- Sal y pimienta para probar

INSTRUCCIONES:
a) En una licuadora o procesador de alimentos, combine el perejil, el cilantro, los chiles chipotles, el ajo, el vinagre de vino tinto, el aceite de oliva y el pimentón ahumado. Mezclar hasta que esté suave.
b) Sazone con sal y pimienta al gusto.
c) Sirva inmediatamente o refrigere hasta que esté listo para usar.

8. Chimichurri de lima y miel

INGREDIENTES:
- 1 taza de hojas de cilantro fresco
- 1 taza de hojas de perejil fresco
- Ralladura y jugo de 1 lima
- 2 cucharadas de miel
- 3 dientes de ajo, picados
- 1/4 taza de vinagre de vino tinto
- 1/2 taza de aceite de oliva
- Sal y pimienta para probar

INSTRUCCIONES:

a) En una licuadora o procesador de alimentos, combine el cilantro, el perejil, la ralladura de lima, el jugo de lima, la miel, el ajo y el vinagre de vino tinto. Mezclar hasta que esté suave.

b) Con el procesador en marcha, rocíe lentamente el aceite de oliva hasta que la mezcla esté emulsionada.

c) Sazone con sal y pimienta al gusto.

d) Sirva inmediatamente o refrigere hasta que esté listo para usar.

9. Chimichurri de aguacate

INGREDIENTES:
- 1 aguacate maduro, pelado y sin hueso
- 1 taza de hojas de perejil fresco
- 1/2 taza de hojas de cilantro fresco
- 3 dientes de ajo, picados
- 1/4 taza de vinagre de vino tinto
- 1/2 taza de aceite de oliva
- Sal y pimienta para probar

INSTRUCCIONES:
e) En una licuadora o procesador de alimentos, combine el aguacate, el perejil, el cilantro, el ajo, el vinagre de vino tinto y el aceite de oliva. Mezclar hasta que esté suave.
f) Sazone con sal y pimienta al gusto.
g) Sirva inmediatamente o refrigere hasta que esté listo para usar.

10. Chimichurri de mango y habanero

INGREDIENTES:
- 1 taza de hojas de cilantro fresco
- 1 taza de hojas de perejil fresco
- 1 mango maduro, pelado y cortado en cubitos
- 1 chile habanero, sin semillas y picado
- 3 dientes de ajo, picados
- 1/4 taza de jugo de lima
- 1/4 taza de vinagre de vino tinto
- 1/2 taza de aceite de oliva
- Sal y pimienta para probar

INSTRUCCIONES:
a) En una licuadora o procesador de alimentos, combine el cilantro, el perejil, el mango cortado en cubitos, el chile habanero picado, el ajo, el jugo de limón y el vinagre de vino tinto. Mezclar hasta que esté suave.
b) Con el procesador en marcha, rocíe lentamente el aceite de oliva hasta que la mezcla esté emulsionada.
c) Sazone con sal y pimienta al gusto.
d) Sirva inmediatamente o refrigere hasta que esté listo para usar.

11. Chimichurri de pimiento rojo asado

INGREDIENTES:
- 1 taza de hojas de perejil fresco
- 1 taza de hojas de cilantro fresco
- 1 pimiento rojo asado, pelado, sin semillas y picado
- 3 dientes de ajo, picados
- 1/4 taza de vinagre de vino tinto
- 1/2 taza de aceite de oliva
- Sal y pimienta para probar

INSTRUCCIONES:
a) En una licuadora o procesador de alimentos, combine el perejil, el cilantro, el pimiento rojo asado, el ajo y el vinagre de vino tinto. Mezclar hasta que esté suave.
b) Con el procesador en marcha, rocíe lentamente el aceite de oliva hasta que la mezcla esté emulsionada.
c) Sazone con sal y pimienta al gusto.
d) Sirva inmediatamente o refrigere hasta que esté listo para usar.

12. Chimichurri de piña y menta

INGREDIENTES:
- 1 taza de hojas de menta fresca
- 1 taza de hojas de perejil fresco
- 1 taza de hojas de cilantro fresco
- 1 taza de piña picada
- 3 dientes de ajo, picados
- 1/4 taza de jugo de lima
- 1/4 taza de vinagre de vino tinto
- 1/2 taza de aceite de oliva
- Sal y pimienta para probar

INSTRUCCIONES:
a) En una licuadora o procesador de alimentos, combine la menta, el perejil, el cilantro, la piña picada, el ajo, el jugo de lima y el vinagre de vino tinto. Mezclar hasta que esté suave.
b) Con el procesador en marcha, rocíe lentamente el aceite de oliva hasta que la mezcla esté emulsionada.
c) Sazone con sal y pimienta al gusto.
d) Sirva inmediatamente o refrigere hasta que esté listo para usar.

13. Chimichurri De Tomate Y Albahaca

INGREDIENTES:
- 1 taza de hojas de albahaca fresca
- 1 taza de hojas de perejil fresco
- 1 tomate, cortado en cubitos
- 3 dientes de ajo, picados
- 1/4 taza de vinagre balsámico
- 1/2 taza de aceite de oliva
- Sal y pimienta para probar

INSTRUCCIONES:
a) En una licuadora o procesador de alimentos, combine la albahaca, el perejil, el tomate cortado en cubitos, el ajo, el vinagre balsámico y el aceite de oliva. Mezclar hasta que esté suave.
b) Sazone con sal y pimienta al gusto.
c) Sirva inmediatamente o refrigere hasta que esté listo para usar.

14. Chimichurri de mango y menta

INGREDIENTES:
- 1 taza de hojas de menta fresca
- 1 taza de hojas de cilantro fresco
- 1 mango maduro, pelado y cortado en cubitos
- 3 dientes de ajo, picados
- 1/4 taza de jugo de lima
- 1/4 taza de vinagre de vino tinto
- 1/2 taza de aceite de oliva
- Sal y pimienta para probar

INSTRUCCIONES:
a) En una licuadora o procesador de alimentos, combine la menta, el cilantro, el mango cortado en cubitos, el ajo, el jugo de lima y el vinagre de vino tinto.
b) Mezclar hasta que esté suave.
c) Con el procesador en marcha, rocíe lentamente el aceite de oliva hasta que la mezcla esté emulsionada.
d) Sazone con sal y pimienta al gusto.
e) Sirva inmediatamente o refrigere hasta que esté listo para usar.

15. Chimichurri de piñones

INGREDIENTES:
- 1 taza de hojas de perejil fresco
- 1 taza de hojas de albahaca fresca
- 1/4 taza de piñones
- 3 dientes de ajo, picados
- 1/4 taza de vinagre de vino tinto
- 1/2 taza de aceite de oliva
- Sal y pimienta para probar

INSTRUCCIONES:
a) En una licuadora o procesador de alimentos, combine el perejil, la albahaca, los piñones, el ajo y el vinagre de vino tinto.
b) Mezclar hasta que esté suave.
c) Con el procesador en marcha, rocíe lentamente el aceite de oliva hasta que la mezcla esté emulsionada.
d) Sazone con sal y pimienta al gusto.
e) Sirva inmediatamente o refrigere hasta que esté listo para usar.

16. Chimichurri de ajo asado

INGREDIENTES:
- 1 taza de hojas de perejil fresco
- 1 taza de hojas de cilantro fresco
- 1 cabeza de ajo asada
- 1/4 taza de vinagre de vino tinto
- 1/2 taza de aceite de oliva
- Sal y pimienta para probar

INSTRUCCIONES:
a) Ase la cabeza de ajo cortando la parte superior para exponer los dientes, rociándola con aceite de oliva y envolviéndola en papel de aluminio. Ase en un horno precalentado a 400°F (200°C) durante unos 30-40 minutos hasta que esté suave y caramelizado.
b) Exprime los dientes de ajo asados para quitarles la piel.
c) En una licuadora o procesador de alimentos, combine el perejil, el cilantro, los dientes de ajo asados y el vinagre de vino tinto.
d) Mezclar hasta que esté suave.
e) Con el procesador en marcha, rocíe lentamente el aceite de oliva hasta que la mezcla esté emulsionada.
f) Sazone con sal y pimienta al gusto.
g) Sirva inmediatamente o refrigere hasta que esté listo para usar.

17. Chimichurri de limón y eneldo

INGREDIENTES:
- 1 taza de hojas de eneldo fresco
- 1 taza de hojas de perejil fresco
- Ralladura y jugo de 1 limón
- 3 dientes de ajo, picados
- 1/4 taza de vinagre de vino blanco
- 1/2 taza de aceite de oliva
- Sal y pimienta para probar

INSTRUCCIONES:
a) En una licuadora o procesador de alimentos, combine el eneldo, el perejil, la ralladura de limón, el jugo de limón, el ajo y el vinagre de vino blanco.
b) Mezclar hasta que esté suave.
c) Con el procesador en marcha, rocíe lentamente el aceite de oliva hasta que la mezcla esté emulsionada.
d) Sazone con sal y pimienta al gusto.
e) Sirva inmediatamente o refrigere hasta que esté listo para usar.

18. Chimichurri de lima y cilantro

INGREDIENTES:
- 1 taza de hojas de cilantro fresco
- 1 taza de hojas de perejil fresco
- Ralladura y jugo de 2 limas
- 3 dientes de ajo, picados
- 1/4 taza de vinagre de vino tinto
- 1/2 taza de aceite de oliva
- Sal y pimienta para probar

INSTRUCCIONES:
a) En una licuadora o procesador de alimentos, combine el cilantro, el perejil, la ralladura de lima, el jugo de lima, el ajo y el vinagre de vino tinto.
b) Mezclar hasta que esté suave.
c) Con el procesador en marcha, rocíe lentamente el aceite de oliva hasta que la mezcla esté emulsionada.
d) Sazone con sal y pimienta al gusto.
e) Sirva inmediatamente o refrigere hasta que esté listo para usar.

19. Chimichurri con pesto

INGREDIENTES:
- 1 taza de hojas de albahaca fresca
- 1 taza de hojas de perejil fresco
- 1/4 taza de piñones
- 3 dientes de ajo, picados
- 1/4 taza de vinagre de vino tinto
- 1/2 taza de aceite de oliva
- Sal y pimienta para probar

INSTRUCCIONES:
a) En una licuadora o procesador de alimentos, combine la albahaca, el perejil, los piñones, el ajo y el vinagre de vino tinto.
b) Mezclar hasta que esté suave.
c) Con el procesador en marcha, rocíe lentamente el aceite de oliva hasta que la mezcla esté emulsionada.
d) Sazone con sal y pimienta al gusto.
e) Sirva inmediatamente o refrigere hasta que esté listo para usar.

20. Chimichurri de jengibre y sésamo

INGREDIENTES:
- 1 taza de hojas de cilantro fresco
- 1 taza de hojas de perejil fresco
- 2 cucharadas de aceite de sésamo
- 2 cucharadas de salsa de soja
- 2 cucharadas de vinagre de arroz
- 1 cucharada de miel
- 1 cucharada de jengibre picado
- 3 dientes de ajo, picados
- 1/4 taza de aceite de oliva
- Sal y pimienta para probar

INSTRUCCIONES:
a) En una licuadora o procesador de alimentos, combine el cilantro, el perejil, el aceite de sésamo, la salsa de soja, el vinagre de arroz, la miel, el jengibre y el ajo.
b) Mezclar hasta que esté suave.
c) Con el procesador en marcha, rocíe lentamente el aceite de oliva hasta que la mezcla esté emulsionada.
d) Sazone con sal y pimienta al gusto.
e) Sirva inmediatamente o refrigere hasta que esté listo para usar.

21. Chimichurri de tomate secado al sol

INGREDIENTES:
- 1 taza de hojas de perejil fresco
- 1 taza de hojas de cilantro fresco
- 1/4 taza de tomates secados al sol (envasados en aceite), escurridos
- 3 dientes de ajo, picados
- 1/4 taza de vinagre de vino tinto
- 1/2 taza de aceite de oliva
- Sal y pimienta para probar

INSTRUCCIONES:
a) En una licuadora o procesador de alimentos, combine el perejil, el cilantro, los tomates secados al sol, el ajo y el vinagre de vino tinto.
b) Mezclar hasta que esté suave.
c) Con el procesador en marcha, rocíe lentamente el aceite de oliva hasta que la mezcla esté emulsionada.
d) Sazone con sal y pimienta al gusto.
e) Sirva inmediatamente o refrigere hasta que esté listo para usar.

22. Chimichurri de jalapeño y cilantro

INGREDIENTES:
- 1 taza de hojas de cilantro fresco
- 1/4 taza de hojas de perejil fresco
- 1 jalapeño, sin semillas y picado
- 3 dientes de ajo, picados
- 1/4 taza de vinagre de vino tinto
- 1/2 taza de aceite de oliva
- Sal y pimienta para probar

INSTRUCCIONES:
a) En un procesador de alimentos, combine el cilantro, el perejil, el jalapeño y el ajo.
b) Pulse hasta que esté finamente picado. Agregue vinagre y aceite de oliva, luego presione hasta que estén bien combinados.
c) Sazone con sal y pimienta al gusto.
d) Sirva inmediatamente o refrigere hasta que esté listo para usar.

23. Chimichurri tailandés de albahaca

INGREDIENTES:
- 1 taza de hojas de albahaca tailandesa
- 1/4 taza de hojas de cilantro fresco
- 2 dientes de ajo, picados
- 1/4 taza de jugo de lima
- 1/4 taza de salsa de pescado
- 2 cucharadas de miel
- 1/4 taza de aceite de oliva
- Hojuelas de pimiento rojo al gusto

INSTRUCCIONES:
a) En una licuadora o procesador de alimentos, combine la albahaca tailandesa, el cilantro, el ajo, el jugo de lima, la salsa de pescado, la miel y el aceite de oliva. Mezclar hasta que esté suave.

b) Agregue hojuelas de pimiento rojo al gusto para picante. Ajuste la sazón si es necesario. Servir inmediatamente o guardar en el frigorífico.

24. Chimichurri Mediterráneo De Olivas

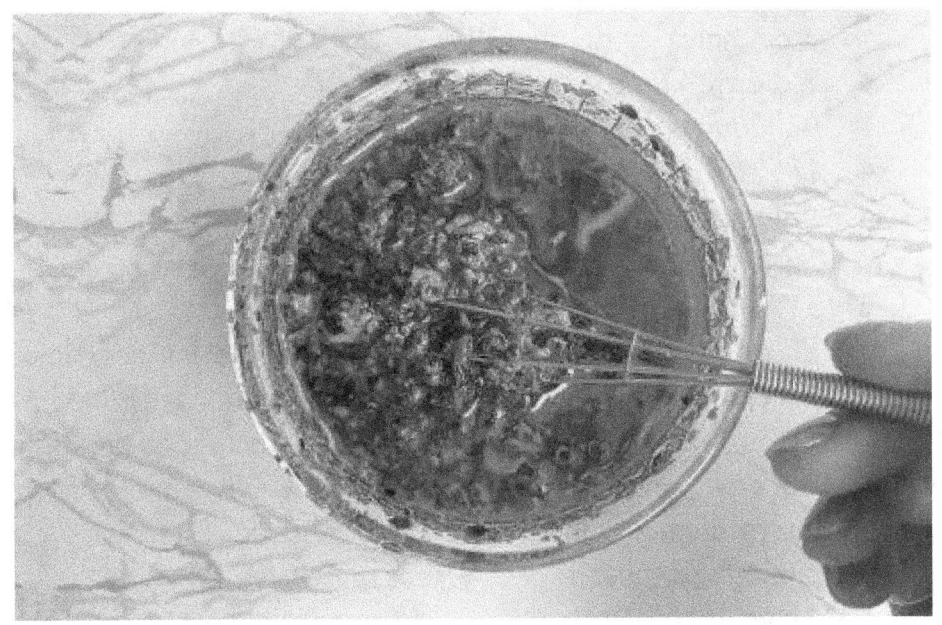

INGREDIENTES:
- 1 taza de aceitunas verdes sin hueso
- 1/4 taza de hojas de perejil fresco
- 2 cucharadas de alcaparras
- 2 dientes de ajo, picados
- Ralladura y jugo de 1 limón
- 1/4 taza de aceite de oliva
- Sal y pimienta para probar

INSTRUCCIONES:
a) En un procesador de alimentos, combine las aceitunas, el perejil, las alcaparras, el ajo, la ralladura de limón y el jugo de limón. Pulse hasta que esté finamente picado.
b) Agregue gradualmente el aceite de oliva mientras pulsa hasta alcanzar la consistencia deseada. Sazone con sal y pimienta al gusto.
c) Sirva inmediatamente o refrigere hasta que esté listo para usar.

25. Chimichurri de frambuesa y menta

INGREDIENTES:
- 1 taza de frambuesas frescas
- 1/4 taza de hojas de menta fresca
- 2 cucharadas de vinagre de vino tinto
- 2 cucharadas de miel
- 1/4 taza de aceite de oliva
- Sal y pimienta para probar

INSTRUCCIONES:
a) En una licuadora o procesador de alimentos, combine las frambuesas, las hojas de menta, el vinagre de vino tinto y la miel. Mezclar hasta que esté suave.
b) Agregue gradualmente el aceite de oliva mientras mezcla hasta que esté bien combinado. Sazone con sal y pimienta al gusto.
c) Sirva inmediatamente o refrigere hasta que esté listo para usar.

26. Chimichurri de mango picante

INGREDIENTES:
- 1 mango maduro, pelado y cortado en cubitos
- 1/4 taza de hojas de cilantro fresco
- 1 jalapeño, sin semillas y picado
- 2 dientes de ajo, picados
- Zumo de 1 lima
- 1/4 taza de aceite de oliva
- Sal y pimienta para probar

INSTRUCCIONES:
a) En una licuadora o procesador de alimentos, combine el mango, el cilantro, el jalapeño, el ajo y el jugo de lima. Mezclar hasta que esté suave.
b) Agregue gradualmente el aceite de oliva mientras licúa hasta alcanzar la consistencia deseada. Sazone con sal y pimienta al gusto.
c) Sirva inmediatamente o refrigere hasta que esté listo para usar.

27. Chimichurri de frijoles negros

INGREDIENTES:
- 1/2 taza de frijoles negros cocidos
- 1/4 taza de hojas de cilantro fresco
- 2 dientes de ajo, picados
- Zumo de 1 lima
- 1/4 taza de vinagre de vino tinto
- 1/4 taza de aceite de oliva
- Sal y pimienta para probar

INSTRUCCIONES:
a) En un procesador de alimentos, combine los frijoles negros, el cilantro, el ajo, el jugo de lima y el vinagre de vino tinto. Pulse hasta que esté bien combinado.
b) Agregue gradualmente el aceite de oliva mientras pulsa hasta alcanzar la consistencia deseada. Sazone con sal y pimienta al gusto.
c) Sirva inmediatamente o refrigere hasta que esté listo para usar.

28. Chimichurri de maíz asado

INGREDIENTES:
- 1 taza de granos de elote tostados
- 1/4 taza de hojas de cilantro fresco
- 2 dientes de ajo, picados
- Zumo de 1 lima
- 1/4 taza de vinagre de vino blanco
- 1/4 taza de aceite de oliva
- Sal y pimienta para probar

INSTRUCCIONES:
a) En una licuadora o procesador de alimentos, combine el maíz tostado, el cilantro, el ajo, el jugo de lima y el vinagre de vino blanco. Mezclar hasta que esté suave.
b) Agregue gradualmente el aceite de oliva mientras mezcla hasta que esté bien combinado.
c) Sazone con sal y pimienta al gusto. Sirva inmediatamente o refrigere hasta que esté listo para usar.

29. Rancho Chimichurri

INGREDIENTES:
- 1/2 taza de mayonesa
- 1/4 taza de crema agria
- 1/4 taza de hojas de perejil fresco, finamente picadas
- 2 cucharadas de cebollino fresco, finamente picado
- 1 diente de ajo, picado
- 1 cucharada de vinagre de vino blanco
- Sal y pimienta para probar

INSTRUCCIONES:
a) En un tazón, mezcle la mayonesa, la crema agria, el perejil, el cebollino, el ajo y el vinagre de vino blanco hasta que quede suave. Sazone con sal y pimienta al gusto. Sirva inmediatamente o refrigere hasta que esté listo para usar.

b) Esta variación cremosa agrega un toque delicioso a los sabores tradicionales del chimichurri.

30. Chimichurri de curry de coco

INGREDIENTES:
- 1/2 taza de hojas de cilantro fresco
- 1/4 taza de hojas de albahaca fresca
- 2 dientes de ajo, picados
- 2 cucharadas de curry en polvo
- 1/2 taza de leche de coco
- Zumo de 1 lima
- 1/4 taza de aceite de oliva
- Sal y pimienta para probar

INSTRUCCIONES:
a) En una licuadora o procesador de alimentos, combine el cilantro, la albahaca, el ajo, el curry en polvo, la leche de coco y el jugo de lima. Mezclar hasta que esté suave.
b) Agregue gradualmente el aceite de oliva mientras mezcla hasta que esté bien combinado. Sazone con sal y pimienta al gusto.
c) Sirva inmediatamente o refrigere hasta que esté listo para usar.

31. Chimichurri Sriracha con Miel

INGREDIENTES:
- 1/2 taza de hojas de perejil fresco
- 1/4 taza de hojas de cilantro fresco
- 2 dientes de ajo, picados
- 2 cucharadas de salsa sriracha
- 2 cucharadas de miel
- 1/4 taza de vinagre de vino tinto
- 1/4 taza de aceite de oliva
- Sal al gusto

INSTRUCCIONES:
a) En una licuadora o procesador de alimentos, combine el perejil, el cilantro, el ajo, la salsa sriracha, la miel y el vinagre de vino tinto. Mezclar hasta que esté suave.

b) Agregue gradualmente el aceite de oliva mientras mezcla hasta que esté bien combinado. Sazonar con sal al gusto. Sirva inmediatamente o refrigere hasta que esté listo para usar.

32. Chimichurri mediterráneo de tomates secos

INGREDIENTES:
- 1/2 taza de tomates secos (envasados en aceite), escurridos
- 1/4 taza de hojas de albahaca fresca
- 2 dientes de ajo, picados
- Jugo de 1 limón
- 1/4 taza de aceite de oliva
- Sal y pimienta para probar

INSTRUCCIONES:
a) En un procesador de alimentos, combine los tomates secos, la albahaca, el ajo y el jugo de limón. Pulse hasta que esté finamente picado.
b) Agregue gradualmente el aceite de oliva mientras pulsa hasta alcanzar la consistencia deseada. Sazone con sal y pimienta al gusto.
c) Sirva inmediatamente o refrigere hasta que esté listo para usar.

33. Chimichurri de sésamo y cilantro

INGREDIENTES:
- 1/2 taza de hojas de cilantro fresco
- 1/4 taza de hojas de perejil fresco
- 2 dientes de ajo, picados
- 2 cucharadas de salsa de soja
- 2 cucharadas de vinagre de arroz
- 1 cucharada de aceite de sésamo
- 1/4 taza de aceite de oliva
- 1 cucharada de semillas de sésamo, tostadas
- Sal y pimienta para probar

INSTRUCCIONES:
a) En una licuadora o procesador de alimentos, combine el cilantro, el perejil, el ajo, la salsa de soja, el vinagre de arroz y el aceite de sésamo. Mezclar hasta que esté suave.

b) Agregue gradualmente el aceite de oliva mientras mezcla hasta que esté bien combinado. Agregue las semillas de sésamo tostadas. Sazone con sal y pimienta al gusto.

c) Sirva inmediatamente o refrigere hasta que esté listo para usar.

CHIMICHURRI Y MARISCOS

34. Gambas con Salsa Chimichurri

INGREDIENTES:
- 2 a 10 dientes de ajo, pelados y picados en trozos grandes
- 1 chile jalapeño rojo, sin tallos, sin semillas y picado en trozos grandes
- 1/4 taza de hojas frescas de orégano
- 1 taza de hojas de perejil fresco
- 1/4 taza de vinagre de vino tinto o jerez
- 1/2 taza de aceite de oliva
- 1/4 cucharadita de sal
- 1 1/2 libras de langostinos gigantes

INSTRUCCIONES:
a) Prepara el ajo. Tradicionalmente, se trata de una salsa con ajo, pero la cantidad de ajo utilizada dependerá del gusto personal.
b) Combine el ajo y el jalapeño en un procesador de alimentos y pique finamente. Agregue el orégano y el perejil y presione hasta obtener una picada fina.
c) Agrega el vinagre, el aceite de oliva y la sal, procesando hasta que quede suave y emulsionado. (La salsa se puede usar inmediatamente o verterla en un frasco, tapar y refrigerar hasta que esté lista para usar).
d) Retire aproximadamente 1/3 de taza de salsa para usarla como base para los langostinos.
e) Prepare una parrilla de carbón o gas. Coloque los langostinos en una parrilla bien engrasada, a 4 a 6 pulgadas de la fuente de calor. Rocíe y cocine de 3 a 4 minutos por lado, o hasta que los langostinos estén rosados y bien cocidos.
f) Sirva con la salsa restante a un lado.

35. Salmón Chimichurri

INGREDIENTES:
- 4 filetes de salmón
- Sal y pimienta para probar
- 1 taza de perejil fresco, picado
- 1/4 taza de cilantro fresco, picado
- 3 dientes de ajo, picados
- 1/4 taza de vinagre de vino tinto
- 1/2 taza de aceite de oliva
- 1 cucharadita de orégano seco
- 1/2 cucharadita de hojuelas de pimiento rojo (opcional)

INSTRUCCIONES:
a) Precalienta tu horno a 400°F (200°C).
b) Sazona los filetes de salmón con sal y pimienta y colócalos en una bandeja para horno forrada con papel pergamino.
c) En un bol, mezcle el perejil picado, el cilantro, el ajo picado, el vinagre de vino tinto, el aceite de oliva, el orégano seco y las hojuelas de pimiento rojo. Condimentar con sal y pimienta.
d) Vierta la salsa chimichurri sobre los filetes de salmón, cubriéndolos uniformemente.
e) Hornee en el horno precalentado durante 12 a 15 minutos o hasta que el salmón esté bien cocido y se desmenuce fácilmente con un tenedor.
f) Sirva el salmón caliente, rociado con salsa chimichurri adicional.

36. Bacalao Al Horno Con Chimichurri

INGREDIENTES:
- 4 filetes de bacalao
- Sal y pimienta para probar
- 1 taza de perejil fresco, picado
- 1/4 taza de cilantro fresco, picado
- 3 dientes de ajo, picados
- 1/4 taza de vinagre de vino tinto
- 1/2 taza de aceite de oliva
- 1 cucharadita de orégano seco
- 1/2 cucharadita de hojuelas de pimiento rojo (opcional)

INSTRUCCIONES:
a) Precalienta tu horno a 375°F (190°C).
b) Sazona los filetes de bacalao con sal y pimienta y colócalos en una fuente para horno.
c) En un tazón, combine el perejil picado, el cilantro, el ajo picado, el vinagre de vino tinto, el aceite de oliva, el orégano seco y las hojuelas de pimiento rojo para hacer la salsa chimichurri.
d) Vierta la salsa chimichurri sobre los filetes de bacalao, cubriéndolos uniformemente.
e) Hornee en el horno precalentado durante 15 a 20 minutos, o hasta que el bacalao esté bien cocido y se desmenuce fácilmente con un tenedor.
f) Sirva el bacalao caliente, rociado con salsa chimichurri adicional.

37. Gambas al chimichurri con gambas

INGREDIENTES:
- 1 libra de camarones, pelados y desvenados
- Sal y pimienta para probar
- 1 taza de perejil fresco, picado
- 1/4 taza de cilantro fresco, picado
- 3 dientes de ajo, picados
- 1/4 taza de vinagre de vino tinto
- 1/2 taza de aceite de oliva
- 1 cucharadita de orégano seco
- 1/2 cucharadita de hojuelas de pimiento rojo (opcional)
- 8 oz de linguini o espagueti
- 2 cucharadas de mantequilla
- Rodajas de limón para servir

INSTRUCCIONES:
a) Cocine la pasta según las instrucciones del paquete hasta que esté al dente. Escurrir y reservar.
b) Sazone los camarones con sal y pimienta.
c) En un tazón, mezcle el perejil picado, el cilantro, el ajo picado, el vinagre de vino tinto, el aceite de oliva, el orégano seco y las hojuelas de pimiento rojo para hacer la salsa chimichurri.
d) Calienta la mantequilla en una sartén grande a fuego medio. Agrega los camarones a la sartén y cocina durante 2-3 minutos por cada lado, o hasta que estén rosados y opacos.
e) Agrega la pasta cocida a la sartén con los camarones.
f) Vierte la salsa chimichurri sobre los camarones y la pasta.
g) Mezcle todo hasta que los camarones y la pasta estén cubiertos con la salsa y completamente calientes.

h) Sirva las gambas al chimichurri calientes, con rodajas de limón a un lado.

38. Gambas Al Chimichurri Con Mantequilla De Ajo

INGREDIENTES:
- 1 libra de langostinos grandes, pelados y desvenados
- Sal y pimienta para probar
- 1 taza de perejil fresco, picado
- 1/4 taza de cilantro fresco, picado
- 3 dientes de ajo, picados
- 1/4 taza de vinagre de vino tinto
- 1/2 taza de aceite de oliva
- 1 cucharadita de orégano seco
- 1/2 cucharadita de hojuelas de pimiento rojo (opcional)
- 4 cucharadas de mantequilla

INSTRUCCIONES:
a) Sazona los langostinos con sal y pimienta.
b) En un tazón, mezcle el perejil picado, el cilantro, el ajo picado, el vinagre de vino tinto, el aceite de oliva, el orégano seco y las hojuelas de pimiento rojo para hacer la salsa chimichurri.
c) Calienta la mantequilla en una sartén grande a fuego medio. Agrega los langostinos a la sartén y cocina durante 2-3 minutos por cada lado, o hasta que estén rosados y opacos.
d) Vierte la salsa chimichurri sobre los langostinos en la sartén.
e) Mezcle los langostinos en la salsa hasta que estén cubiertos y bien calientes.
f) Sirva los langostinos con chimichurri y mantequilla de ajo calientes, adornados con perejil picado adicional si lo desea.

39. Vieiras braseadas con chimichurri

INGREDIENTES:
- 1 libra de vieiras
- Sal y pimienta para probar
- 1 taza de perejil fresco, picado
- 1/4 taza de cilantro fresco, picado
- 3 dientes de ajo, picados
- 1/4 taza de vinagre de vino tinto
- 1/2 taza de aceite de oliva
- 1 cucharadita de orégano seco
- 1/2 cucharadita de hojuelas de pimiento rojo (opcional)
- 2 cucharadas de mantequilla
- Rodajas de limón para servir

INSTRUCCIONES:
a) Seque las vieiras con toallas de papel y sazone con sal y pimienta.
b) En un tazón, mezcle el perejil picado, el cilantro, el ajo picado, el vinagre de vino tinto, el aceite de oliva, el orégano seco y las hojuelas de pimiento rojo para hacer la salsa chimichurri.
c) Calienta la mantequilla en una sartén grande a fuego medio-alto.
d) Una vez que la sartén esté caliente, agrega las vieiras en una sola capa, asegurándote de no abarrotar la sartén. Dorar las vieiras durante 2-3 minutos por cada lado, o hasta que estén doradas y bien cocidas.
e) Retire las vieiras de la sartén y transfiéralas a una fuente para servir.
f) Rocíe la salsa chimichurri sobre las vieiras chamuscadas.
g) Sirva caliente con rodajas de limón a un lado.

40. Tazones de arroz integral con pescado chamuscado y chimichurri

INGREDIENTES:
- 1 taza (165 g) de arroz integral
- 2 tazas (470 ml) de agua
- Sal kosher y pimienta negra recién molida
- 8 onzas (225 g) de zanahorias pequeñas, cortadas por la mitad
- 2 cucharadas (30 ml) de aguacate o aceite de oliva virgen extra, cantidad dividida
- ½ cucharadita de cilantro molido
- 4 (4 a 6 onzas, 115 a 168 g) filetes de pescado blanco sin piel, como platija, tilapia o lubina rayada
- 1 manojo pequeño de berros, recortados
- 1 taza (120 g) de edamame sin cáscara
- 1 receta de Salsa Chimichurri
- Almendras laminadas

INSTRUCCIONES:
a) Precalienta el horno a 400 °F (200 °C, o marca de gas 6).
b) Agrega el arroz, el agua y una pizca generosa de sal a una cacerola mediana y deja hervir. Reduzca el fuego a bajo, tape y cocine hasta que el arroz esté tierno, aproximadamente 40 minutos. Retirar del fuego y cocinar el arroz al vapor con la tapa puesta durante 10 minutos.
c) Mezcla las zanahorias con 1 cucharada (15 ml) de aceite, cilantro, sal y pimienta. Extiéndalo en una sola capa sobre una bandeja para hornear con borde y ase hasta que esté tierno, aproximadamente 15 minutos.
d) Mientras tanto, calienta la 1 cucharada (15 ml) de aceite restante en una sartén ancha a fuego medio-alto hasta que brille. Seque el pescado completamente con toallas de papel y sazone por ambos lados con sal y pimienta.

e) Agrega el pescado a la sartén y dora de 2 a 3 minutos por lado.
f) Para servir, divida el arroz y los berros en tazones. Cubra con pescado, zanahorias asadas y edamame. Rocíe con salsa chimichurri y espolvoree con almendras rebanadas.

41. Fletán al horno con chimichurri

INGREDIENTES:
- 4 filetes de fletán
- Sal y pimienta para probar
- 1 taza de perejil fresco, picado
- 1/4 taza de cilantro fresco, picado
- 3 dientes de ajo, picados
- 1/4 taza de vinagre de vino tinto
- 1/2 taza de aceite de oliva
- 1 cucharadita de orégano seco
- 1/2 cucharadita de hojuelas de pimiento rojo (opcional)

INSTRUCCIONES:
a) Precalienta tu horno a 375°F (190°C).
b) Coloque los filetes de fletán en una fuente para horno forrada con papel pergamino.
c) Sazone los filetes de fletán con sal y pimienta.
d) En un tazón, mezcle el perejil picado, el cilantro, el ajo picado, el vinagre de vino tinto, el aceite de oliva, el orégano seco y las hojuelas de pimiento rojo para hacer la salsa chimichurri.
e) Unte una cantidad generosa de salsa chimichurri sobre cada filete de fletán.
f) Hornee el fletán en el horno precalentado durante 15 a 20 minutos, o hasta que esté bien cocido y se desmenuce fácilmente con un tenedor.
g) Retira el fletán del horno y déjalo reposar unos minutos antes de servir.
h) Sirva el fletán al horno caliente, adornado con salsa chimichurri adicional si lo desea.

42. Camarones Chimichurri De Coco

INGREDIENTES:
- 1 libra de camarones grandes, pelados y desvenados
- Sal y pimienta para probar
- 1 taza de perejil fresco, picado
- 1/4 taza de cilantro fresco, picado
- 3 dientes de ajo, picados
- 1/4 taza de vinagre de vino tinto
- 1/2 taza de aceite de oliva
- 1 cucharadita de orégano seco
- 1/2 cucharadita de hojuelas de pimiento rojo (opcional)
- 1 taza de coco rallado sin azúcar
- 1/4 taza de harina para todo uso
- 2 huevos batidos
- Aceite de cocina para freír
- Rodajas de limón para servir

INSTRUCCIONES:
a) Sazone los camarones con sal y pimienta.
b) En un tazón, mezcle el perejil picado, el cilantro, el ajo picado, el vinagre de vino tinto, el aceite de oliva, el orégano seco y las hojuelas de pimiento rojo para hacer la salsa chimichurri.
c) Instale una estación de dragado con tres tazones poco profundos: uno que contenga harina, otro que contenga huevos batidos y otro que contenga coco rallado.
d) Pasa cada camarón por harina, luego sumérgelo en los huevos batidos y finalmente cúbrelo con coco rallado, presionando suavemente para que se adhiera.
e) Calienta el aceite de cocina en una sartén a fuego medio-alto. Fríe los camarones rebozados en tandas durante 2-3 minutos por lado, o hasta que estén dorados y bien cocidos.

f) Retire los camarones de la sartén y colóquelos en un plato forrado con papel toalla para escurrir el exceso de aceite.
g) Sirva los camarones al chimichurri con coco calientes, con rodajas de limón a un lado para exprimir.

43. Bacalao Escalfado Al Chimichurri

INGREDIENTES:
- 4 filetes de bacalao
- Sal y pimienta para probar
- 1 taza de perejil fresco, picado
- 1/4 taza de cilantro fresco, picado
- 3 dientes de ajo, picados
- 1/4 taza de vinagre de vino tinto
- 1/2 taza de aceite de oliva
- 1 cucharadita de orégano seco
- 1/2 cucharadita de hojuelas de pimiento rojo (opcional)

INSTRUCCIONES:
a) Sazone los filetes de bacalao con sal y pimienta.
b) En una sartén grande o sartén, combine el perejil picado, el cilantro, el ajo picado, el vinagre de vino tinto, el aceite de oliva, el orégano seco y las hojuelas de pimiento rojo.
c) Coloque la sartén a fuego medio y lleve la mezcla a fuego lento.
d) Agrega los filetes de bacalao a la sartén, asegurándote de que queden sumergidos en la salsa chimichurri.
e) Tapa la sartén y escalfa el bacalao durante 8-10 minutos, o hasta que el pescado esté opaco y se desmenuce fácilmente con un tenedor.
f) Retire con cuidado los filetes de bacalao de la sartén y transfiéralos a platos para servir.
g) Vierta un poco de salsa chimichurri de la sartén sobre los filetes de bacalao.
h) Sirva el bacalao escalfado con chimichurri caliente, con salsa adicional a un lado si lo desea.

44. Tacos de chimichurri y mahi mahi

INGREDIENTES:
- 1 libra de filetes de mahi mahi
- Sal y pimienta para probar
- 1 taza de perejil fresco, picado
- 1/4 taza de cilantro fresco, picado
- 3 dientes de ajo, picados
- 1/4 taza de vinagre de vino tinto
- 1/2 taza de aceite de oliva
- 1 cucharadita de orégano seco
- 1/2 cucharadita de hojuelas de pimiento rojo (opcional)
- 8 tortillas pequeñas de maíz o harina
- Repollo rallado
- aguacate en rodajas
- Gajos de lima para servir

INSTRUCCIONES:
a) Sazone los filetes de mahi mahi con sal y pimienta.
b) En un tazón, mezcle el perejil picado, el cilantro, el ajo picado, el vinagre de vino tinto, el aceite de oliva, el orégano seco y las hojuelas de pimiento rojo para hacer la salsa chimichurri.
c) Calienta una sartén o sartén a fuego medio-alto. Cocine los filetes de mahi mahi durante 3-4 minutos por lado o hasta que estén bien cocidos.
d) Retire el mahi mahi del fuego y déjelo reposar unos minutos antes de desmenuzarlo en trozos.
e) Calienta las tortillas en la sartén o en la parrilla durante unos 30 segundos por lado.
f) Rellene cada tortilla con mahi mahi desmenuzado, repollo rallado, aguacate en rodajas y un chorrito de salsa chimichurri.

g) Sirva los tacos de chimichurri mahi mahi con rodajas de lima a un lado.

45. Tortas De Cangrejo Chimichurri

INGREDIENTES:
- 1 libra de carne de cangrejo
- 1/2 taza de pan rallado
- 1/4 taza de mayonesa
- 1/4 taza de pimiento rojo picado
- 1/4 taza de cebollas verdes picadas
- 1 huevo batido
- Sal y pimienta para probar
- 1 taza de perejil fresco, picado
- 1/4 taza de cilantro fresco, picado
- 3 dientes de ajo, picados
- 1/4 taza de vinagre de vino tinto
- 1/2 taza de aceite de oliva
- 1 cucharadita de orégano seco
- 1/2 cucharadita de hojuelas de pimiento rojo (opcional)
- Rodajas de limón para servir

INSTRUCCIONES:
a) En un tazón grande, combine la carne de cangrejo en trozos, el pan rallado, la mayonesa, el pimiento rojo picado, las cebollas verdes picadas, el huevo batido, la sal y la pimienta. Mezclar hasta que esté bien combinado.
b) Forme hamburguesas con la mezcla de cangrejo y colóquelas en una bandeja para hornear forrada con papel pergamino.
c) En un recipiente aparte, mezcle el perejil picado, el cilantro, el ajo picado, el vinagre de vino tinto, el aceite de oliva, el orégano seco y las hojuelas de pimiento rojo para hacer la salsa chimichurri.
d) Unte la salsa chimichurri sobre cada pastel de cangrejo.

e) Hornee los pasteles de cangrejo en un horno precalentado a 375 °F (190 °C) durante 15 a 20 minutos, o hasta que estén dorados y completamente calientes.
f) Retire los pasteles de cangrejo del horno y déjelos enfriar un poco antes de servir.
g) Sirve las croquetas de cangrejo chimichurri con rodajas de limón a un lado.

46. Tacos de pescado a la parrilla con chimichurri

INGREDIENTES:
- 1 libra de filetes de pescado blanco (como tilapia o bacalao)
- Sal y pimienta para probar
- 8 tortillas pequeñas de harina o maíz
- 1 taza de repollo rallado o mezcla de ensalada de col
- 1 aguacate, en rodajas
- Gajos de lima para servir

SALSA CHIMICHURRI:
- 1 taza de perejil fresco, picado
- 1/4 taza de cilantro fresco, picado
- 3 dientes de ajo, picados
- 1/4 taza de vinagre de vino tinto
- 1/2 taza de aceite de oliva
- 1 cucharadita de orégano seco
- 1/2 cucharadita de hojuelas de pimiento rojo (opcional)

INSTRUCCIONES:
a) Precalienta tu parrilla a fuego medio-alto.
b) Sazone los filetes de pescado con sal y pimienta.
c) Ase el pescado durante 3-4 minutos por lado o hasta que esté bien cocido y escamoso.
d) Calienta las tortillas en la parrilla durante unos 30 segundos por lado.
e) Para armar los tacos, coloca un poco de repollo rallado en cada tortilla, cubre con pescado asado, rodajas de aguacate y un chorrito de salsa chimichurri.
f) Sirva los tacos con rodajas de limón a un lado. ¡Disfrutar!

47. Pez espada a la parrilla con chimichurri

INGREDIENTES:
- 4 filetes de pez espada
- Sal y pimienta para probar
- 1 taza de perejil fresco, picado
- 1/4 taza de cilantro fresco, picado
- 3 dientes de ajo, picados
- 1/4 taza de vinagre de vino tinto
- 1/2 taza de aceite de oliva
- 1 cucharadita de orégano seco
- 1/2 cucharadita de hojuelas de pimiento rojo (opcional)

INSTRUCCIONES:
a) Precalienta tu parrilla a fuego medio-alto.
b) Sazona los filetes de pez espada con sal y pimienta.
c) En un tazón, mezcle el perejil picado, el cilantro, el ajo picado, el vinagre de vino tinto, el aceite de oliva, el orégano seco y las hojuelas de pimiento rojo para hacer la salsa chimichurri.
d) Ase los filetes de pez espada durante unos 4-5 minutos por lado, o hasta que estén bien cocidos y tengan bonitas marcas de parrilla.
e) Retire el pez espada de la parrilla y cubra cada filete con una cucharada generosa de salsa chimichurri.
f) Sirva caliente con sus guarniciones favoritas.

48. Vieiras A La Parrilla Con Chimichurri

INGREDIENTES:
- 1 libra de vieiras frescas, limpias
- Sal y pimienta para probar
- 1 taza de perejil fresco, picado
- 1/4 taza de cilantro fresco, picado
- 3 dientes de ajo, picados
- 1/4 taza de vinagre de vino tinto
- 1/2 taza de aceite de oliva
- 1 cucharadita de orégano seco
- 1/2 cucharadita de hojuelas de pimiento rojo (opcional)

INSTRUCCIONES:
a) Precalienta tu parrilla a fuego medio-alto.
b) Sazone las vieiras con sal y pimienta.
c) En un tazón, combine el perejil picado, el cilantro, el ajo picado, el vinagre de vino tinto, el aceite de oliva, el orégano seco y las hojuelas de pimiento rojo para hacer la salsa chimichurri.
d) Enhebre las vieiras en brochetas.
e) Ase las vieiras durante 2-3 minutos por lado, o hasta que estén opacas y bien cocidas.
f) Retira las vieiras de la parrilla y úntalas con la salsa chimichurri.
g) Sirva caliente con salsa chimichurri adicional a un lado.

49. Colas de langosta a la parrilla con chimichurri

INGREDIENTES:
- 4 colas de langosta, partidas por la mitad a lo largo
- Sal y pimienta para probar
- 1 taza de perejil fresco, picado
- 1/4 taza de cilantro fresco, picado
- 3 dientes de ajo, picados
- 1/4 taza de vinagre de vino tinto
- 1/2 taza de aceite de oliva
- 1 cucharadita de orégano seco
- 1/2 cucharadita de hojuelas de pimiento rojo (opcional)

INSTRUCCIONES:
a) Precalienta tu parrilla a fuego medio-alto.
b) Sazone las colas de langosta partidas con sal y pimienta.
c) En un tazón, mezcle el perejil picado, el cilantro, el ajo picado, el vinagre de vino tinto, el aceite de oliva, el orégano seco y las hojuelas de pimiento rojo para hacer la salsa chimichurri.
d) Ase las colas de langosta con la carne hacia abajo durante unos 5-6 minutos.
e) Voltee las colas de langosta y unte generosamente con la salsa chimichurri.
f) Ase durante 4-5 minutos más, o hasta que la carne de langosta esté opaca y bien cocida.
g) Sirva caliente con salsa chimichurri adicional a un lado.

50. Salmón A La Parrilla Con Chimichurri

INGREDIENTES:
- 4 filetes de salmón
- Sal y pimienta para probar
- 1 taza de perejil fresco, picado
- 1/4 taza de cilantro fresco, picado
- 3 dientes de ajo, picados
- 1/4 taza de vinagre de vino tinto
- 1/2 taza de aceite de oliva
- 1 cucharadita de orégano seco
- 1/2 cucharadita de hojuelas de pimiento rojo (opcional)
- Rodajas de limón, para servir

INSTRUCCIONES:
a) Precalienta tu parrilla a fuego medio-alto.
b) Sazone los filetes de salmón con sal y pimienta.
c) En un tazón, mezcle el perejil picado, el cilantro, el ajo picado, el vinagre de vino tinto, el aceite de oliva, el orégano seco y las hojuelas de pimiento rojo para hacer la salsa chimichurri.
d) Ase los filetes de salmón durante 4-5 minutos por lado, o hasta que estén bien cocidos y se desmenucen fácilmente con un tenedor.
e) Retira el salmón de la parrilla y úntalo con la salsa chimichurri.
f) Sirva el salmón asado caliente, con rodajas de limón a un lado.

51. Calamares A La Parrilla Al Chimichurri

INGREDIENTES:
- 1 libra de calamares frescos, limpios y en tubos cortados en aros
- Sal y pimienta para probar
- 1 taza de perejil fresco, picado
- 1/4 taza de cilantro fresco, picado
- 3 dientes de ajo, picados
- 1/4 taza de vinagre de vino tinto
- 1/2 taza de aceite de oliva
- 1 cucharadita de orégano seco
- 1/2 cucharadita de hojuelas de pimiento rojo (opcional)

INSTRUCCIONES:
a) Precalienta tu parrilla a fuego medio-alto.
b) Sazone las anillas de calamar con sal y pimienta.
c) En un tazón, mezcle el perejil picado, el cilantro, el ajo picado, el vinagre de vino tinto, el aceite de oliva, el orégano seco y las hojuelas de pimiento rojo para hacer la salsa chimichurri.
d) Enhebrar las anillas de calamar en las brochetas.
e) Ase los calamares durante 1-2 minutos por lado, o hasta que estén opacos y bien cocidos.
f) Retire los calamares de la parrilla y rocíe con la salsa chimichurri.
g) Sirva caliente con rodajas de limón y salsa chimichurri adicional a un lado.

52. Chimichurri Mahi Mahi A La Parrilla

INGREDIENTES:
- 4 filetes de mahi mahi
- Sal y pimienta para probar
- 1 taza de perejil fresco, picado
- 1/4 taza de cilantro fresco, picado
- 3 dientes de ajo, picados
- 1/4 taza de vinagre de vino tinto
- 1/2 taza de aceite de oliva
- 1 cucharadita de orégano seco
- 1/2 cucharadita de hojuelas de pimiento rojo (opcional)

INSTRUCCIONES:
a) Precalienta tu parrilla a fuego medio-alto.
b) Sazone los filetes de mahi mahi con sal y pimienta.
c) En un tazón, combine el perejil picado, el cilantro, el ajo picado, el vinagre de vino tinto, el aceite de oliva, el orégano seco y las hojuelas de pimiento rojo para hacer la salsa chimichurri.
d) Ase los filetes de mahi mahi durante unos 4-5 minutos por lado, o hasta que estén bien cocidos y tengan marcas de parrilla.
e) Retire el mahi mahi de la parrilla y cubra cada filete con una cucharada generosa de salsa chimichurri.
f) Sirva caliente con las guarniciones que elija.

53. Filetes de atún a la parrilla con chimichurri

INGREDIENTES:
- 4 filetes de atún
- Sal y pimienta para probar
- 1 taza de perejil fresco, picado
- 1/4 taza de cilantro fresco, picado
- 3 dientes de ajo, picados
- 1/4 taza de vinagre de vino tinto
- 1/2 taza de aceite de oliva
- 1 cucharadita de orégano seco
- 1/2 cucharadita de hojuelas de pimiento rojo (opcional)

INSTRUCCIONES:
a) Precalienta tu parrilla a fuego medio-alto.
b) Sazona los filetes de atún con sal y pimienta.
c) En un tazón, mezcle el perejil picado, el cilantro, el ajo picado, el vinagre de vino tinto, el aceite de oliva, el orégano seco y las hojuelas de pimiento rojo para hacer la salsa chimichurri.
d) Ase los filetes de atún durante aproximadamente 2-3 minutos por lado a fuego medio o más hasta que estén cocidos como desee.
e) Retire los filetes de atún de la parrilla y rocíelos con la salsa chimichurri.
f) Sirva caliente con salsa chimichurri adicional a un lado.

CHIMICHURRI Y ENSALADAS

54. Ensalada De Chimichurri

INGREDIENTES:
- $1\frac{1}{2}$ tazas de repollo rallado
- 1 aguacate mediano (en cubos)
- 2 cucharadas de cebolla morada
- 2 cucharadas de cilantro picado
- $\frac{1}{2}$ lima (jugo)
- $\frac{1}{4}$ cucharadita de sal
- 3 cucharadas de chimichurri (receta)

INSTRUCCIONES
a) Tritura o rebana el repollo y agrégalo a un bol.
b) Cubra con aguacate en cubos, cebolla picada y cilantro.
c) Agrega el jugo de media lima, la sal y la salsa chimichurri.
d) Mezclar suavemente para mezclar los sabores.

55. Ensalada De Chimichurri De Cerdo

INGREDIENTES:
- Chuletas de cerdo, una libra
- Verdes, seis onzas
- Tomates cherry, dos tazas
- Aceite de oliva, una cucharada
- Vinagre, una cucharada
- Perejil, según sea necesario
- chipotle, la mitad
- Hojas de orégano, según sea necesario
- Sal y pimienta, según sea necesario.
- Aderezo de chimichurri, según gusto

INSTRUCCIONES:
a) En un procesador de alimentos, combine el aceite de oliva, el vinagre, el perejil, las hojas de orégano y el chipotle. Sazone con sal y pimienta y reserve.
b) Precalienta una parrilla. Forre una bandeja para hornear con borde con papel de aluminio y rocíe con aceite de cocina.
c) Coloque la carne de cerdo en la bandeja para hornear y espolvoree ambos lados con sal y pimienta. Ase hasta que la temperatura interna alcance los 145 grados, cinco minutos por lado. Retire la carne de cerdo del asador y déjela reposar durante cinco minutos.
d) Mientras tanto, en un tazón grande, combine las verduras, los tomates cherry, el queso y el aderezo chimichurri al gusto. Coloque la ensalada en platos o en una fuente.
e) Colóquelos encima de la ensalada, rocíe con aderezo adicional y sirva.

56. Ensalada De Patata Chimichurri

INGREDIENTES:
- 2 libras de papas, lavadas y cortadas en cubitos
- Sal y pimienta para probar
- 1 taza de perejil fresco, picado
- 1/4 taza de cilantro fresco, picado
- 3 dientes de ajo, picados
- 1/4 taza de vinagre de vino tinto
- 1/2 taza de aceite de oliva
- 1 cucharadita de orégano seco
- 1/2 cucharadita de hojuelas de pimiento rojo (opcional)
- 1/2 cebolla morada, en rodajas finas
- 1/4 taza de cebollas verdes picadas (cebolletas)

INSTRUCCIONES:
a) Coloque las patatas en cubos en una olla con agua con sal y déjelas hervir. Cocine hasta que las papas estén tiernas, aproximadamente de 10 a 15 minutos.
b) Mientras se cocinan las patatas, prepara la salsa chimichurri. En un bol, mezcle el perejil picado, el cilantro, el ajo picado, el vinagre de vino tinto, el aceite de oliva, el orégano seco y las hojuelas de pimiento rojo. Sazone con sal y pimienta al gusto.
c) Escurre las patatas cocidas y déjalas enfriar un poco.
d) En un tazón grande, combine las papas cocidas con la cebolla morada en rodajas y las cebollas verdes picadas.
e) Vierta la salsa chimichurri sobre la mezcla de papas y revuelva hasta que esté cubierta uniformemente.
f) Rectifique la sazón si es necesario y sirva la ensalada de papa a temperatura ambiente o fría.

57. Ensalada De Chimichurri Y Quinua

INGREDIENTES:
- 1 taza de quinua, enjuagada
- 2 tazas de agua o caldo de verduras
- Sal y pimienta para probar
- 1 taza de perejil fresco, picado
- 1/4 taza de cilantro fresco, picado
- 3 dientes de ajo, picados
- 1/4 taza de vinagre de vino tinto
- 1/2 taza de aceite de oliva
- 1 cucharadita de orégano seco
- 1/2 cucharadita de hojuelas de pimiento rojo (opcional)
- 1 pimiento rojo, cortado en cubitos
- 1 pepino, cortado en cubitos
- 1/4 taza de cebolla morada picada
- 1/4 taza de queso feta desmenuzado (opcional)

INSTRUCCIONES:
a) En una cacerola mediana, hierva el agua o el caldo de verduras. Agrega la quinua y reduce el fuego a bajo. Tape y cocine a fuego lento durante 15-20 minutos, o hasta que la quinua esté cocida y se absorba el líquido.

b) Revuelva la quinua cocida con un tenedor y déjala enfriar un poco.

c) Mientras se cocina la quinua, prepara la salsa chimichurri. En un bol, mezcle el perejil picado, el cilantro, el ajo picado, el vinagre de vino tinto, el aceite de oliva, el orégano seco y las hojuelas de pimiento rojo. Sazone con sal y pimienta al gusto.

d) En un tazón grande, combine la quinua cocida con el pimiento rojo picado, el pepino y la cebolla morada.

e) Vierta la salsa chimichurri sobre la mezcla de quinua y revuelva hasta que esté cubierta uniformemente.

f) Si lo desea, espolvoree queso feta desmenuzado encima antes de servir.
g) Sirve la ensalada de quinua a temperatura ambiente o fría.

58. Ensalada De Maíz Chimichurri

INGREDIENTES:
- 4 mazorcas de maíz, descascaradas
- Sal y pimienta para probar
- 1 taza de perejil fresco, picado
- 1/4 taza de cilantro fresco, picado
- 3 dientes de ajo, picados
- 1/4 taza de vinagre de vino tinto
- 1/2 taza de aceite de oliva
- 1 cucharadita de orégano seco
- 1/2 cucharadita de hojuelas de pimiento rojo (opcional)
- 1 cebolla morada, finamente picada (opcional)
- 1 pimiento morrón, cortado en cubitos (opcional)
- Tomates cherry, cortados por la mitad (opcional)

INSTRUCCIONES:
a) Precalienta tu parrilla a fuego medio-alto.
b) Sazone las mazorcas de maíz con sal y pimienta.
c) Ase el maíz, volteándolo ocasionalmente, hasta que esté ligeramente carbonizado por todos lados, aproximadamente de 8 a 10 minutos.
d) Retire el maíz de la parrilla y déjelo enfriar un poco.
e) Una vez que se hayan enfriado, corte los granos de la mazorca y transfiéralos a un tazón grande para mezclar.
f) En un recipiente aparte, mezcle el perejil picado, el cilantro, el ajo picado, el vinagre de vino tinto, el aceite de oliva, el orégano seco y las hojuelas de pimiento rojo para hacer la salsa chimichurri.
g) Agrega la salsa chimichurri al bol con los granos de elote.
h) Si lo desea, agregue cebolla morada picada, pimiento morrón cortado en cubitos y tomates cherry cortados por la mitad para darle más sabor y textura.
i) Mezcle la ensalada suavemente para combinar.

j) Sirva la ensalada de maíz a temperatura ambiente o fría, adornada con perejil picado y cilantro adicional si lo desea.

59. Ensalada Chimichurri De Aguacate

INGREDIENTES:
- 2 aguacates maduros, cortados en cubitos
- 1 taza de tomates cherry, cortados por la mitad
- 1/4 taza de cebolla morada, finamente picada
- 1/4 taza de pepino, cortado en cubitos
- Sal y pimienta para probar
- 1 taza de perejil fresco, picado
- 1/4 taza de cilantro fresco, picado
- 3 dientes de ajo, picados
- 1/4 taza de vinagre de vino tinto
- 1/2 taza de aceite de oliva
- 1 cucharadita de orégano seco
- 1/2 cucharadita de hojuelas de pimiento rojo (opcional)

INSTRUCCIONES:
a) En un tazón grande, combine el aguacate cortado en cubitos, los tomates cherry cortados por la mitad, la cebolla morada picada y el pepino cortado en cubitos.
b) Sazona la ensalada con sal y pimienta al gusto.
c) En un recipiente aparte, mezcle el perejil picado, el cilantro, el ajo picado, el vinagre de vino tinto, el aceite de oliva, el orégano seco y las hojuelas de pimiento rojo para hacer la salsa chimichurri.
d) Vierte la salsa chimichurri sobre la ensalada de aguacate.
e) Mezcle suavemente la ensalada para cubrir los ingredientes con la salsa chimichurri.
f) Sirva la ensalada de aguacate inmediatamente como guarnición refrescante o como almuerzo ligero.

60. Ensalada De Pasta Con Chimichurri

INGREDIENTES:
- 8 oz de pasta (como penne o rotini), cocida según las instrucciones del paquete
- 1 taza de tomates cherry, cortados por la mitad
- 1/4 taza de cebolla morada, finamente picada
- 1/4 taza de pepino, cortado en cubitos
- Sal y pimienta para probar
- 1 taza de perejil fresco, picado
- 1/4 taza de cilantro fresco, picado
- 3 dientes de ajo, picados
- 1/4 taza de vinagre de vino tinto
- 1/2 taza de aceite de oliva
- 1 cucharadita de orégano seco
- 1/2 cucharadita de hojuelas de pimiento rojo (opcional)

INSTRUCCIONES:
a) En un tazón grande, combine la pasta cocida, los tomates cherry cortados por la mitad, la cebolla morada picada y el pepino cortado en cubitos.
b) Sazone la ensalada de pasta con sal y pimienta al gusto.
c) En un recipiente aparte, mezcle el perejil picado, el cilantro, el ajo picado, el vinagre de vino tinto, el aceite de oliva, el orégano seco y las hojuelas de pimiento rojo para hacer la salsa chimichurri.
d) Vierte la salsa chimichurri sobre la ensalada de pasta.
e) Mezcle suavemente la ensalada para cubrir los ingredientes con la salsa chimichurri.
f) Sirva la ensalada de pasta a temperatura ambiente o fría como guarnición deliciosa o como opción de comida ligera.

61. Ensalada De Frijoles Negros Con Chimichurri

INGREDIENTES:
- 2 latas (15 onzas cada una) de frijoles negros, escurridos y enjuagados
- 1 taza de granos de maíz (frescos o descongelados si están congelados)
- 1 pimiento rojo, cortado en cubitos
- 1/4 taza de cebolla morada, finamente picada
- Sal y pimienta para probar
- 1 taza de perejil fresco, picado
- 1/4 taza de cilantro fresco, picado
- 3 dientes de ajo, picados
- 1/4 taza de vinagre de vino tinto
- 1/2 taza de aceite de oliva
- 1 cucharadita de orégano seco
- 1/2 cucharadita de hojuelas de pimiento rojo (opcional)

INSTRUCCIONES:
a) En un tazón grande, combine los frijoles negros, los granos de maíz, el pimiento rojo cortado en cubitos y la cebolla morada picada.
b) Sazone la ensalada de frijoles negros con sal y pimienta al gusto.
c) En un recipiente aparte, mezcle el perejil picado, el cilantro, el ajo picado, el vinagre de vino tinto, el aceite de oliva, el orégano seco y las hojuelas de pimiento rojo para hacer la salsa chimichurri.
d) Vierte la salsa chimichurri sobre la ensalada de frijoles negros.
e) Mezcle suavemente la ensalada para cubrir los ingredientes con la salsa chimichurri.

f) Deje marinar la ensalada en el refrigerador durante al menos 30 minutos para permitir que los sabores se mezclen.
g) Sirva la ensalada de frijoles negros fría, adornada con más perejil picado y cilantro si lo desea.

62. Ensalada De Pepino Chimichurri

INGREDIENTES:
- 2 pepinos, en rodajas finas
- Sal al gusto
- 1/4 taza de cebolla morada, en rodajas finas
- 1/4 taza de tomates cherry, cortados por la mitad
- 1/4 taza de aceitunas Kalamata, sin hueso y partidas por la mitad
- 1/4 taza de queso feta, desmenuzado
- 1 taza de perejil fresco, picado
- 1/4 taza de cilantro fresco, picado
- 3 dientes de ajo, picados
- 1/4 taza de vinagre de vino tinto
- 1/2 taza de aceite de oliva
- 1 cucharadita de orégano seco
- 1/2 cucharadita de hojuelas de pimiento rojo (opcional)

INSTRUCCIONES:
a) Coloca los pepinos en rodajas en un colador y espolvorea con sal. Déjalos reposar durante unos 15 minutos para que liberen el exceso de humedad, luego enjuágalos y sécalos con toallas de papel.

b) En un tazón grande, combine los pepinos en rodajas, la cebolla morada en rodajas finas, los tomates cherry cortados por la mitad, las aceitunas Kalamata cortadas por la mitad y el queso feta desmenuzado.

c) En un recipiente aparte, mezcle el perejil picado, el cilantro, el ajo picado, el vinagre de vino tinto, el aceite de oliva, el orégano seco y las hojuelas de pimiento rojo para hacer la salsa chimichurri.

d) Vierte la salsa chimichurri sobre la ensalada de pepino.

e) Mezcle suavemente la ensalada para cubrir los ingredientes con la salsa chimichurri.

f) Deje marinar la ensalada en el refrigerador durante al menos 30 minutos para permitir que los sabores se mezclen.
g) Sirva la ensalada de pepino fría, adornada con perejil picado y cilantro adicionales si lo desea.

63. Patatas Asadas Al Chimichurri

INGREDIENTES:
- 2 libras de patatas baby, cortadas por la mitad
- Sal y pimienta para probar
- 1 taza de perejil fresco, picado
- 1/4 taza de cilantro fresco, picado
- 3 dientes de ajo, picados
- 1/4 taza de vinagre de vino tinto
- 1/2 taza de aceite de oliva
- 1 cucharadita de orégano seco
- 1/2 cucharadita de hojuelas de pimiento rojo (opcional)

INSTRUCCIONES:
a) Precalienta tu horno a 400°F (200°C).
b) Coloque las patatas pequeñas cortadas por la mitad en un tazón grande para mezclar.
c) Rocíe las patatas con aceite de oliva y sazone con sal y pimienta al gusto.
d) Revuelve las papas hasta que estén cubiertas uniformemente con el aceite y los condimentos.
e) Extienda las patatas en una sola capa sobre una bandeja para hornear.
f) Asa las papas en el horno precalentado durante 25-30 minutos, o hasta que estén doradas y crujientes por fuera y tiernas por dentro, revolviendo a la mitad.
g) Mientras se asan las patatas, prepara la salsa chimichurri. En un bol, mezcle el perejil picado, el cilantro, el ajo picado, el vinagre de vino tinto, el aceite de oliva, el orégano seco y las hojuelas de pimiento rojo.
h) Una vez que las papas estén asadas, transfiéralas a una fuente para servir.
i) Rocíe la salsa chimichurri sobre las patatas asadas.

j) Sirva las papas calientes, adornadas con perejil picado y cilantro adicionales si lo desea.

CHIMICHURRI Y AVES DE CORRAL

64. Paillards de pollo al chimichurri con batata

INGREDIENTES:
- 2 batatas
- 4 cucharaditas de comino
- 1 limón
- 2 dientes de ajo
- $\frac{1}{4}$ oz de perejil
- 4 oz de tomates uva
- 12 onzas de pechugas de pollo
- 1 cucharadita de miel
- 2 oz de verduras mixtas
- Sal
- Pimienta
- Aceite de oliva

INSTRUCCIONES:
PATATAS DULCES ASADAS:
a) Lave y seque todos los productos.
b) Precalienta el horno a 450°F (230°C).
c) Corte las batatas en gajos de $\frac{1}{2}$ pulgada de grosor.
d) Mezcle las batatas en una bandeja para hornear con un chorrito de aceite de oliva y 1 cucharadita de comino. Condimentar con sal y pimienta.
e) Ase en el horno hasta que estén tiernos y crujientes, unos 20-25 minutos.

DEBERES:
f) Corta el limón en cuartos.
g) Picar 1 diente de ajo y picar finamente el perejil.
h) Reducir a la mitad los tomates uva.

HACER CHIMICHURRI:
i) En un tazón pequeño, mezcle el perejil, una pizca de ajo, un chorrito de limón, 3 cucharadas de aceite de oliva y $\frac{1}{2}$

cucharadita de comino. Sazone generosamente con sal y pimienta. Ajusta el ajo y el limón al gusto.

POLLO MARIPOSA:
j) Seque el pollo con una toalla de papel.
k) Corte cada pechuga de pollo ¾ del camino por la mitad, paralela a la tabla de cortar, deteniéndose antes de cortarla por completo.
l) Abra cada pechuga de pollo como un libro y sazone con sal, pimienta y el comino restante.

COCINAR ENSALADA DE POLLO Y MEZCLAR:
m) Calienta un chorrito de aceite de oliva en una sartén grande a fuego medio-alto.
n) Agregue el pollo y cocine hasta que ya no esté rosado en el centro, aproximadamente de 3 a 4 minutos por lado.
o) Mientras tanto, en un tazón grande, mezcle 1 cucharadita de miel, un chorrito de jugo de limón y un chorrito de aceite de oliva. Agregue los tomates y las verduras mixtas y revuelva para cubrir. Condimentar con sal y pimienta.

ATENDER:
p) Divida el pollo en platos y rocíelo con chimichurri.
q) Sirva con gajos de camote y ensalada como acompañamiento.

65. Pollo Asado Dominical Con Salsa Chimichurri

INGREDIENTES:
PARA EL POLLO ASADO
- 1 pollo entero (de 3 a 4 libras)
- 2 cucharadas de aceite de oliva
- ½ cucharadita de sal
- ½ cucharadita de pimienta negra recién molida
- 4 dientes de ajo
- 1 limon

PARA LA SALSA CHIMICHURRI
- 1 taza de hojas de perejil fresco finamente picadas
- 3 dientes de ajo, picados
- ½ taza de aceite de oliva
- 3 cucharadas de vinagre de vino tinto
- 1 chile rojo pequeño, sin semillas y picado (o 1 cucharadita de hojuelas de pimiento rojo)
- ¾ cucharadita de orégano seco
- 1 cucharadita de sal gruesa
- ½ cucharadita de pimienta negra recién molida

INSTRUCCIONES:
PARA HACER EL POLLO ASADO
a) Precalienta el horno a 400°F.
b) Retire las menudencias y el cuello del pollo, deseche el envoltorio y colóquelos en la fuente para asar. Incluso si no planeas comerlos, añaden buen sabor al caldo.
c) Enjuague el interior del pollo con agua corriente fría, séquelo con una toalla de papel y colóquelo en la fuente para asar.
d) Frote todo el pollo con aceite de oliva y luego espolvoréelo generosamente por dentro y por fuera con sal y pimienta.

e) Aplasta los dientes de ajo con el lado plano de tu cuchillo y corta el limón por la mitad. Métalo todo en la cavidad del pollo.

f) Agregue una o dos pulgadas de agua al fondo de la fuente para asar. Esto asegurará que el pollo quede húmedo y le permitirá rociarlo con los jugos de la sartén cada media hora, si lo desea.

g) Coloque el pollo en el horno y ase durante $1\frac{1}{2}$ horas. La piel debe estar dorada y crujiente y el jugo debe salir claro. Las alas y las patas deben quedar sueltas si se mueven. Si tienes un termómetro para carnes, introdúcelo en la parte más carnosa de la pechuga; la temperatura debe registrar 180°F.

h) Deje reposar el pollo durante al menos 10 minutos antes de cortarlo para permitir que los jugos vuelvan a penetrar en la carne.

PARA HACER LA SALSA CHIMICHURRI

i) Mientras se asa el pollo, mezcle bien el perejil, el ajo, el aceite de oliva, el vinagre, el chile, el orégano, la sal y la pimienta en un bol. Baña el pollo con la salsa y/o úsalo como guarnición al servir.

66. Tazones de pollo chimichurri

INGREDIENTES:
- 4 muslos de pollo deshuesados y sin piel (aproximadamente 1 libra o 455 g)
- 1 receta de Salsa Chimichurri (página 19)
- 1 taza (165 g) de arroz integral
- 2 tazas (470 ml) de agua
- Sal kosher y pimienta negra recién molida
- 8 pimientos del piquillo
- 1 cucharada (15 ml) de aguacate o aceite de oliva virgen extra
- 1½ tazas (105 g) de col lombarda finamente rallada
- 2 aguacates, pelados, sin hueso y en rodajas finas
- Semillas de calabaza tostadas

INSTRUCCIONES:
a) Precalienta el horno a 425 °F (220 °C, o marca de gas 7).

b) Agrega el pollo a un tazón grande junto con 2 cucharadas (30 ml) de Salsa Chimichurri. Mezcle para que el pollo quede cubierto uniformemente. Tapar y marinar en el frigorífico durante al menos 1 hora.

c) Agrega el arroz, el agua y una pizca generosa de sal a una cacerola mediana y deja hervir. Reduzca el fuego a bajo, tape y cocine hasta que el arroz esté tierno, aproximadamente 40 minutos. Retirar del fuego y cocinar el arroz al vapor con la tapa puesta durante 10 minutos.

d) Mezcle los pimientos con el aceite, la sal y la pimienta y extiéndalos en una capa uniforme en un lado de una bandeja para hornear con borde. Retire los muslos de pollo de la marinada y agréguelos al otro lado de la bandeja para hornear. Ase durante 10 minutos y luego voltee los pimientos. Continúe asando hasta que el pollo esté bien cocido y los pimientos ligeramente dorados, de 10 a 15 minutos más.

e) Para servir, divida el arroz en tazones. Cubra con pollo, pimientos asados, col lombarda y aguacate. Vierta el resto de la salsa chimichurri por encima y espolvoree con semillas de calabaza tostadas.

67. Pechuga De Pollo Chimichurri

INGREDIENTES:
- 4 pechugas de pollo deshuesadas y sin piel
- Sal y pimienta para probar
- 1 taza de perejil fresco, picado
- 1/4 taza de cilantro fresco, picado
- 3 dientes de ajo, picados
- 1/4 taza de vinagre de vino tinto
- 1/2 taza de aceite de oliva
- 1 cucharadita de orégano seco
- 1/2 cucharadita de hojuelas de pimiento rojo (opcional)

INSTRUCCIONES:
a) Precalienta tu horno a 375°F (190°C).
b) Sazona las pechugas de pollo con sal y pimienta.
c) En un tazón, mezcle el perejil picado, el cilantro, el ajo picado, el vinagre de vino tinto, el aceite de oliva, el orégano seco y las hojuelas de pimiento rojo para hacer la salsa chimichurri.
d) Coloque las pechugas de pollo en una fuente para horno y esparza una cantidad generosa de salsa chimichurri sobre cada pechuga, reservando un poco para servir.
e) Hornee en el horno precalentado durante 25 a 30 minutos, o hasta que el pollo esté bien cocido y ya no esté rosado en el centro.
f) Retirar del horno y dejar reposar unos minutos antes de servir.
g) Sirva las pechugas de pollo chimichurri calientes, con salsa chimichurri adicional encima.

68. Albóndigas De Pavo Al Chimichurri

INGREDIENTES:
- 1 libra de pavo molido
- 1/2 taza de pan rallado
- 1/4 taza de queso parmesano rallado
- 1 huevo
- Sal y pimienta para probar
- 1 taza de perejil fresco, picado
- 1/4 taza de cilantro fresco, picado
- 3 dientes de ajo, picados
- 1/4 taza de vinagre de vino tinto
- 1/2 taza de aceite de oliva
- 1 cucharadita de orégano seco
- 1/2 cucharadita de hojuelas de pimiento rojo (opcional)

INSTRUCCIONES:
a) Precalienta el horno a 375 °F (190 °C) y cubre una bandeja para hornear con papel pergamino.
b) En un tazón grande, combine el pavo molido, el pan rallado, el queso parmesano, el huevo, la sal y la pimienta. Mezclar hasta que esté bien combinado.
c) Enrolle la mezcla en albóndigas y colóquelas en la bandeja para hornear preparada.
d) En un recipiente aparte, mezcle el perejil picado, el cilantro, el ajo picado, el vinagre de vino tinto, el aceite de oliva, el orégano seco y las hojuelas de pimiento rojo para hacer la salsa chimichurri.
e) Unte la salsa chimichurri sobre las albóndigas y reserve un poco para servir.
f) Hornee en el horno precalentado durante 20-25 minutos, o hasta que las albóndigas estén bien cocidas.
g) Retirar del horno y dejar enfriar unos minutos antes de servir.

h) Sirva las albóndigas de pavo con chimichurri calientes, con salsa chimichurri adicional a un lado para mojar.

69. Brochetas De Pollo A La Parrilla Con Chimichurri

INGREDIENTES:
- 1 libra de muslos de pollo deshuesados y sin piel, cortados en trozos pequeños
- Sal y pimienta para probar
- 1 taza de perejil fresco, picado
- 1/4 taza de cilantro fresco, picado
- 3 dientes de ajo, picados
- 1/4 taza de vinagre de vino tinto
- 1/2 taza de aceite de oliva
- 1 cucharadita de orégano seco
- 1/2 cucharadita de hojuelas de pimiento rojo (opcional)

INSTRUCCIONES:
a) Sazone los trozos de muslo de pollo con sal y pimienta.
b) En un tazón, mezcle el perejil picado, el cilantro, el ajo picado, el vinagre de vino tinto, el aceite de oliva, el orégano seco y las hojuelas de pimiento rojo para hacer la salsa chimichurri.
c) Ensarte los trozos de pollo en brochetas.
d) Precalienta tu parrilla a fuego medio-alto.
e) Ase las brochetas de pollo durante 4 a 5 minutos por lado, o hasta que estén bien cocidas y ya no estén rosadas en el centro.
f) Retirar del grill y dejar reposar unos minutos antes de servir.
g) Sirva las brochetas de pollo asado con chimichurri calientes, con salsa chimichurri adicional a un lado para mojar.

70. Pechuga De Pollo Rellena De Chimichurri

INGREDIENTES:
- 4 pechugas de pollo deshuesadas y sin piel
- Sal y pimienta para probar
- 1 taza de perejil fresco, picado
- 1/4 taza de cilantro fresco, picado
- 3 dientes de ajo, picados
- 1/4 taza de vinagre de vino tinto
- 1/2 taza de aceite de oliva
- 1 cucharadita de orégano seco
- 1/2 cucharadita de hojuelas de pimiento rojo (opcional)
- 4 rebanadas de queso mozzarella
- 1/4 taza de tomates secados al sol, picados

INSTRUCCIONES:
a) Precalienta tu horno a 375°F (190°C).
b) Sazona las pechugas de pollo con sal y pimienta.
c) En un tazón, mezcle el perejil picado, el cilantro, el ajo picado, el vinagre de vino tinto, el aceite de oliva, el orégano seco y las hojuelas de pimiento rojo para hacer la salsa chimichurri.
d) Mariposa cada pechuga de pollo cortándolas horizontalmente por el centro, teniendo cuidado de no cortarlas por completo. Abra cada pecho como un libro.
e) Coloque una rodaja de queso mozzarella y una cucharada de tomates secos picados sobre la mitad de cada pechuga de pollo. Dobla la otra mitad para encerrar el relleno.
f) Coloque las pechugas de pollo rellenas en una fuente para horno y esparza una cantidad generosa de salsa chimichurri sobre cada pechuga, reservando un poco para servir.

g) Hornee en el horno precalentado durante 25 a 30 minutos, o hasta que el pollo esté bien cocido y ya no esté rosado en el centro.
h) Retirar del horno y dejar reposar unos minutos antes de servir.
i) Sirva las pechugas de pollo rellenas de chimichurri calientes, con salsa chimichurri adicional encima.

CHIMICHURRI Y CARNE

71. Plato de verduras a la parrilla con chimichurri

INGREDIENTES:
- Verduras variadas para asar (como pimientos morrones, calabacines, berenjenas, champiñones y espárragos)
- Sal y pimienta para probar
- 1 taza de perejil fresco, picado
- 1/4 taza de cilantro fresco, picado
- 3 dientes de ajo, picados
- 1/4 taza de vinagre de vino tinto
- 1/2 taza de aceite de oliva
- 1 cucharadita de orégano seco
- 1/2 cucharadita de hojuelas de pimiento rojo (opcional)

INSTRUCCIONES:
a) Precalienta tu parrilla a fuego medio-alto.
b) Corta las verduras en trozos grandes.
c) Sazone las verduras con sal y pimienta.
d) En un tazón, mezcle el perejil picado, el cilantro, el ajo picado, el vinagre de vino tinto, el aceite de oliva, el orégano seco y las hojuelas de pimiento rojo para hacer la salsa chimichurri.
e) Ase las verduras durante 5 a 8 minutos, volteándolas de vez en cuando, hasta que estén tiernas y ligeramente carbonizadas.
f) Coloca las verduras asadas en una fuente.
g) Rocíe la salsa chimichurri sobre las verduras asadas.
h) Sirva el plato de verduras caliente, con salsa chimichurri adicional a un lado.

72. Pechuga A La Parrilla Con Salsa Chimichurri

INGREDIENTES:
- 4-5 libras de pechuga de res
- Sal y pimienta para probar

SALSA CHIMICHURRI:
- 1 taza de perejil fresco, finamente picado
- 1/4 taza de cilantro fresco, finamente picado
- 4 dientes de ajo, picados
- 1/4 taza de vinagre de vino tinto
- 1/4 taza de aceite de oliva
- 1 cucharadita de orégano seco
- Sal y pimienta para probar

INSTRUCCIONES:
a) Precalienta tu parrilla a fuego medio.
b) Sazone la pechuga con sal y pimienta.
c) En un bol, combine todos los ingredientes para la salsa chimichurri y mezcle bien.
d) Coloque la pechuga sazonada en la parrilla y cierre la tapa.
e) Ase durante aproximadamente 1,5 a 2 horas por libra, o hasta que la temperatura interna alcance alrededor de 195 °F (90 °C) a 203 °F (95 °C) y la pechuga esté tierna.
f) Retire la pechuga de la parrilla y déjela reposar durante al menos 30 minutos.
g) Corta la pechuga a contrapelo.
h) Rocíe la pechuga en rodajas con salsa chimichurri o sirva la salsa a un lado.
i) Sirve la pechuga asada con salsa chimichurri.

73. Filete A La Parrilla Con Chimichurri De Maracuyá

INGREDIENTES:
- 2 filetes de chuletón o solomillo
- Sal y pimienta para probar
- Jugo de 2 maracuyá
- 2 cucharadas de aceite de oliva
- 2 cucharadas de vinagre de vino tinto
- 1 taza de hojas de perejil fresco, picado
- 3 dientes de ajo, picados
- 1 cucharadita de orégano seco

INSTRUCCIONES:
a) Precalienta la parrilla a fuego medio-alto.
b) Sazone los filetes con sal y pimienta.
c) En un tazón pequeño, mezcle el jugo de maracuyá, el aceite de oliva, el vinagre de vino tinto, el perejil picado, el ajo picado y el orégano seco para hacer la salsa chimichurri.
d) Ase los filetes durante 4-5 minutos por lado, o hasta el nivel de cocción deseado.
e) Retira los filetes de la parrilla y déjalos reposar unos minutos.
f) Corta los filetes en rodajas y rocía la salsa chimichurri de maracuyá por encima.
g) Sirva con papas asadas o una ensalada.

74. Tazones de taco de cordero y coliflor asada Con Chimichurri

INGREDIENTES:
- 8 rábanos, en rodajas finas
- ½ taza (120 ml) de vinagre blanco
- 2½ tazas (590 ml) de agua, divididas
- Sal kosher y pimienta negra recién molida
- ½ cabeza de coliflor, cortada en floretes pequeños (aproximadamente 3 tazas o 400 g) 2 cucharadas (30 ml) de aguacate o aceite de oliva virgen extra, cantidad dividida
- 1 cucharadita (2 g) de comino molido 1 cucharadita (2 g) de ajo en polvo
- ½ cucharadita de hojuelas de pimiento rojo
- ¾ de taza (125 g) de freekeh partido
- 455 g (1 libra) de cordero redondo superior, cortado en cubos de 2,5 cm (1 pulgada)
- 1 cucharadita (2 g) de pimentón ahumado
- 2 aguacates, pelados, sin hueso y en rodajas finas
- 1 receta de Salsa Chimichurri
- Semillas de calabaza tostadas

INSTRUCCIONES
a) Precalienta el horno a 400 °F (200 °C, o marca de gas 6).
b) Agrega los rábanos en rodajas a un tazón mediano. Pon a hervir el vinagre, ½ taza (120 ml) de agua y ½ cucharadita de sal en una cacerola mediana, revolviendo para disolver la sal. Vierte el líquido caliente sobre los rábanos; dejar de lado. Enjuague la cacerola.
c) Mezcle la coliflor con 1 cucharada (15 ml) de aceite, comino, ajo en polvo, hojuelas de pimiento rojo, sal y pimienta. Colóquelos en una sola capa sobre una bandeja para hornear con borde. Ase hasta que estén tiernos y

ligeramente dorados, aproximadamente 20 minutos, revolviendo una vez a la mitad.

d) Mientras tanto, combine el freekeh, las 2 tazas (470 ml) restantes de agua y una pizca generosa de sal en una cacerola mediana. Llevar a ebullición, luego reducir el fuego a bajo y cocinar a fuego lento durante 15 minutos, revolviendo ocasionalmente, hasta que se haya absorbido todo el líquido y el freekeh esté tierno. Retirar del fuego, tapar y cocinar al vapor durante unos 5 minutos.

e) Seque el cordero por completo y sazone con pimentón, sal y pimienta. Calienta la 1 cucharada (15 ml) de aceite restante en una sartén grande a fuego alto hasta que esté muy caliente pero aún sin humear. Dorar el cordero durante 2 minutos por cada lado.

f) Escurre el líquido de los rábanos. Para servir, divida el freekeh en tazones. Cubra con coliflor asada, cordero y aguacate.

g) Rocíe con salsa chimichurri y espolvoree con semillas de calabaza.

75. Filete a la parrilla con chimichurri

INGREDIENTES:
- 4 filetes de res (como chuletón o solomillo), de aproximadamente 1 pulgada de grosor
- Sal y pimienta para probar
- 1 taza de perejil fresco, picado
- 1/4 taza de cilantro fresco, picado
- 3 dientes de ajo, picados
- 1/4 taza de vinagre de vino tinto
- 1/2 taza de aceite de oliva
- 1 cucharadita de orégano seco
- 1/2 cucharadita de hojuelas de pimiento rojo (opcional)

INSTRUCCIONES:
a) Precalienta tu parrilla a fuego medio-alto.
b) Sazone los filetes con sal y pimienta.
c) En un tazón, mezcle el perejil picado, el cilantro, el ajo picado, el vinagre de vino tinto, el aceite de oliva, el orégano seco y las hojuelas de pimiento rojo para hacer la salsa chimichurri.
d) Ase los filetes durante 4 a 5 minutos por lado a fuego medio o más hasta alcanzar el nivel de cocción deseado.
e) Retira los filetes de la parrilla y déjalos reposar unos minutos.
f) Corta los filetes asados a contrapelo y sírvelos calientes, rociados con salsa chimichurri.

76. Chuletas de cerdo a la parrilla con chimichurri

INGREDIENTES:
- 4 chuletas de cerdo con hueso
- Sal y pimienta para probar
- 1 taza de perejil fresco, picado
- 1/4 taza de cilantro fresco, picado
- 3 dientes de ajo, picados
- 1/4 taza de vinagre de vino tinto
- 1/2 taza de aceite de oliva
- 1 cucharadita de orégano seco
- 1/2 cucharadita de hojuelas de pimiento rojo (opcional)

INSTRUCCIONES:
a) Precalienta tu parrilla a fuego medio-alto.
b) Sazone las chuletas de cerdo con sal y pimienta.
c) En un tazón, mezcle el perejil picado, el cilantro, el ajo picado, el vinagre de vino tinto, el aceite de oliva, el orégano seco y las hojuelas de pimiento rojo para hacer la salsa chimichurri.
d) Asa las chuletas de cerdo durante 5 a 6 minutos por lado, o hasta que alcancen una temperatura interna de 145 °F (63 °C).
e) Retira las chuletas de cerdo de la parrilla y déjalas reposar unos minutos.
f) Sirva las chuletas de cerdo asadas calientes, cubiertas con una cucharada de salsa chimichurri.

77. Chuletas de cordero a la parrilla con chimichurri

INGREDIENTES:
- 8 chuletas de cordero
- Sal y pimienta para probar
- 1 taza de perejil fresco, picado
- 1/4 taza de cilantro fresco, picado
- 3 dientes de ajo, picados
- 1/4 taza de vinagre de vino tinto
- 1/2 taza de aceite de oliva
- 1 cucharadita de orégano seco
- 1/2 cucharadita de hojuelas de pimiento rojo (opcional)

INSTRUCCIONES:
a) Precalienta tu parrilla a fuego medio-alto.
b) Sazone las chuletas de cordero con sal y pimienta.
c) En un tazón, mezcle el perejil picado, el cilantro, el ajo picado, el vinagre de vino tinto, el aceite de oliva, el orégano seco y las hojuelas de pimiento rojo para hacer la salsa chimichurri.
d) Ase las chuletas de cordero durante 3-4 minutos por lado a fuego medio o más hasta el nivel deseado de cocción.
e) Retira las chuletas de cordero de la parrilla y déjalas reposar unos minutos.
f) Sirva las chuletas de cordero asadas calientes, cubiertas con una cucharada de salsa chimichurri.

78. Costillar estilo chimichurri californiano

INGREDIENTES:
- 2 filetes de costilla
- 1/4 taza de salsa pesto
- 2 cucharadas de queso parmesano rallado
- 1 cucharadas de aceite de oliva

PESTO
- 2 tazas de hojas de albahaca, empaquetadas
- 1/2 taza de queso romano rallado
- 1/2 taza de aceite de oliva virgen extra
- 1/3 taza de piñones
- 3 dientes de ajo medianos, picados
- sal y pimienta negra molida

INSTRUCCIONES:
a) Configure la parrilla a fuego medio y engrase ligeramente la parrilla.
b) Para el pesto: en una licuadora, agregue los piñones, la albahaca y el ajo y presione hasta que estén finamente picados.
c) Mientras el motor está en marcha, agregue lentamente el aceite y presione hasta que esté bien combinado. Agrega el queso romano, una pizca de sal y pimienta negra y pulsa hasta que esté bien combinado.
d) Transfiera el pesto a un bol. Agrega el queso parmesano y mezcla bien. Con un cuchillo afilado, haga un corte horizontal dentro de cada filete de res para crear un bolsillo.
e) Coloque la mezcla de pesto dentro de los bolsillos de cada filete de manera uniforme y con los dedos presione los bolsillos para cerrarlos.
f) Rocíe cada bolsillo con aceite de manera uniforme.

g) Coloque los filetes en la parrilla a unas 4-5 pulgadas del elemento calefactor.
h) Cubra y cocine en la parrilla durante unos 6-7 minutos por lado.
i) Retire los filetes de la parrilla y colóquelos sobre una tabla de cortar.
j) Corta cada uno en tiras gruesas y disfrútalo.

CHIMICHURRI Y VERDURAS

79. Chimichurri De Verduras Asadas

INGREDIENTES:
- 2 chalotes medianos, en cuartos
- 3 dientes de ajo machacados
- 1/3 taza de hojas de perejil fresco
- 1/4 taza de hojas de albahaca fresca
- 2 cucharaditas de tomillo fresco
- 1/2 cucharadita de sal
- 1/4 cucharadita de pimienta negra recién molida
- 2 cucharadas de jugo de limón fresco
- 1/2 taza de aceite de oliva
- 1 cebolla morada mediana, cortada por la mitad a lo largo y luego en cuartos
- 1 batata mediana, pelada y cortada en rodajas de 1/2 pulgada
- calabacines pequeños, cortados diagonalmente en rodajas de 1/2 pulgada de grosor
- plátanos maduros, cortados por la mitad a lo largo y luego cortados por la mitad horizontalmente

INSTRUCCIONES:
a) Precalienta la parrilla. En una licuadora o procesador de alimentos, combine las chalotas y el ajo y procese hasta que estén picados. Agregue el perejil, la albahaca, el tomillo, la sal y la pimienta y presione hasta que estén finamente picados. Agrega el jugo de limón y el aceite de oliva y procesa hasta que estén bien mezclados.
b) Transferir a un tazón pequeño.
c) Unte las verduras con la salsa chimichurri y colóquelas en la parrilla.
d) Voltee las verduras en el mismo orden en que las puso en la parrilla. Unte las verduras con más salsa chimichurri y continúe asando hasta que estén tiernas,

aproximadamente de 10 a 15 minutos para todo menos los plátanos, lo que debe estar listo en aproximadamente 7 minutos.

e) Sirva caliente, rociado con la salsa restante.

80. Pizza de bosque suave microverde

INGREDIENTES:
- 1 masa para pizza
- ½ taza de chimichurri
- ½ taza de queso vegano fresco, parcialmente congelado y rallado
- 4 onzas de champiñones cremini, rebanados
- 2 onzas de broccolini
- 1½ tazas de rúcula
- ⅓ taza de queso vegano rallado
- Microgreens de mezcla suave

INSTRUCCIONES:
a) Cubra una cáscara de pizza con harina de maíz o sémola. Debes espolvorear la pala de pizza con más cantidad de la que crees para evitar que se pegue y la pizza se deslice sobre la piedra para pizza.
b) Hazte a un lado.
c) Cuando esté listo para darle forma a la masa y hacer su pizza, precaliente su horno con la piedra para pizza.
d) Coloca la piedra en el tercio inferior de tu horno y precalienta a 500°.
e) Una vez que mi horno esté precalentado, programe un temporizador durante 30 minutos.
f) Transfiera la masa de pizza a una superficie generosamente enharinada.
g) Estírela hasta darle forma de pizza o primero puede dividirla por la mitad para hacer dos pizzas separadas. Las pizzas más pequeñas son más fáciles de transferir de la cáscara a la piedra para pizza.
h) Asegúrese de dejar un borde o borde de "corteza".
i) Transfiera la masa a la cáscara preparada.

j) Vierta y extienda el chimichurri en el centro de la pizza. Cubra con la mayoría del queso vegano. Luego cubra con champiñones cremini en rodajas y floretes de broccolini.

k) Hornee de 6 a 9 minutos. O hasta que la corteza esté dorada, el queso se haya derretido y los brócolini y los champiñones estén tiernos. Giro la pizza a la mitad de la cocción.

l) Retirar y cortar. Cubra con rúcula, más queso, pimienta negra y microverduras.

81. Ensalada De Verduras A La Parrilla Con Chimichurri

INGREDIENTES:
- Verduras variadas para asar (como pimientos morrones, calabacines, berenjenas y tomates cherry)
- Sal y pimienta para probar
- 1 taza de perejil fresco, picado
- 1/4 taza de cilantro fresco, picado
- 3 dientes de ajo, picados
- 1/4 taza de vinagre de vino tinto
- 1/2 taza de aceite de oliva
- 1 cucharadita de orégano seco
- 1/2 cucharadita de hojuelas de pimiento rojo (opcional)

INSTRUCCIONES:
a) Precalienta tu parrilla a fuego medio-alto.
b) Corta las verduras en trozos pequeños y sazona con sal y pimienta.
c) Ase las verduras hasta que estén tiernas y tengan marcas de parrilla, aproximadamente de 5 a 7 minutos, volteándolas de vez en cuando.
d) Mientras se asan las verduras, prepara la salsa chimichurri. En un bol, mezcle el perejil picado, el cilantro, el ajo picado, el vinagre de vino tinto, el aceite de oliva, el orégano seco y las hojuelas de pimiento rojo. Sazone con sal y pimienta al gusto.
e) Transfiera las verduras asadas a una fuente para servir y rocíe con la salsa chimichurri.
f) Mezcla suavemente para cubrir las verduras con la salsa.
g) Sirve la ensalada de verduras asadas tibia o a temperatura ambiente.

82. Tofu a la parrilla con chimichurri

INGREDIENTES:
- 1 bloque (14 oz) de tofu extra firme, escurrido y prensado
- Sal y pimienta para probar
- 1 taza de perejil fresco, picado
- 1/4 taza de cilantro fresco, picado
- 3 dientes de ajo, picados
- 1/4 taza de vinagre de vino tinto
- 1/2 taza de aceite de oliva
- 1 cucharadita de orégano seco
- 1/2 cucharadita de hojuelas de pimiento rojo (opcional)

INSTRUCCIONES:
a) Precalienta tu parrilla a fuego medio-alto.
b) Corta el tofu prensado en rodajas.
c) Sazone las rodajas de tofu con sal y pimienta.
d) En un tazón, mezcle el perejil picado, el cilantro, el ajo picado, el vinagre de vino tinto, el aceite de oliva, el orégano seco y las hojuelas de pimiento rojo para hacer la salsa chimichurri.
e) Ase las rodajas de tofu durante 4-5 minutos por lado, o hasta que estén doradas y aparezcan marcas de parrilla.
f) Retire el tofu de la parrilla y unte con la salsa chimichurri.
g) Sirva el tofu asado caliente, con salsa chimichurri adicional a un lado.

83. Brochetas De Verduras A La Parrilla Con Chimichurri

INGREDIENTES:
- Verduras variadas para brochetas (como tomates cherry, pimientos morrones, champiñones y calabacines)
- Sal y pimienta para probar
- 1 taza de perejil fresco, picado
- 1/4 taza de cilantro fresco, picado
- 3 dientes de ajo, picados
- 1/4 taza de vinagre de vino tinto
- 1/2 taza de aceite de oliva
- 1 cucharadita de orégano seco
- 1/2 cucharadita de hojuelas de pimiento rojo (opcional)

INSTRUCCIONES:
a) Precalienta tu parrilla a fuego medio-alto.
b) Corta las verduras en trozos pequeños.
c) Ensarte las verduras en brochetas, alternando entre diferentes tipos para variar.
d) Sazone las brochetas con sal y pimienta.
e) En un tazón, mezcle el perejil picado, el cilantro, el ajo picado, el vinagre de vino tinto, el aceite de oliva, el orégano seco y las hojuelas de pimiento rojo para hacer la salsa chimichurri.
f) Ase las brochetas de verduras durante 8 a 10 minutos, volteándolas de vez en cuando, hasta que las verduras estén tiernas y ligeramente carbonizadas.
g) Retira las brochetas de la parrilla y úntalas con la salsa chimichurri.
h) Sirva las brochetas de verduras asadas calientes, rociadas con salsa chimichurri adicional a un lado.

84. Champiñones Portobello A La Parrilla Con Chimichurri

INGREDIENTES:
- 4 champiñones portobello grandes
- Sal y pimienta para probar
- 1 taza de perejil fresco, picado
- 1/4 taza de cilantro fresco, picado
- 3 dientes de ajo, picados
- 1/4 taza de vinagre de vino tinto
- 1/2 taza de aceite de oliva
- 1 cucharadita de orégano seco
- 1/2 cucharadita de hojuelas de pimiento rojo (opcional)

INSTRUCCIONES:
a) Precalienta tu parrilla a fuego medio-alto.
b) Retire los tallos de los hongos portobello y raspe suavemente las branquias con una cuchara.
c) Sazone los champiñones con sal y pimienta.
d) En un tazón, mezcle el perejil picado, el cilantro, el ajo picado, el vinagre de vino tinto, el aceite de oliva, el orégano seco y las hojuelas de pimiento rojo para hacer la salsa chimichurri.
e) Unte ambos lados de los champiñones con la salsa chimichurri.
f) Ase los champiñones durante 4-5 minutos por lado, o hasta que estén tiernos y ligeramente carbonizados.
g) Retire los champiñones de la parrilla y sírvalos calientes, rociados con salsa chimichurri adicional si lo desea.

85. Pimientos Rellenos De Chimichurri

INGREDIENTES:
- 4 pimientos morrones (de cualquier color), partidos por la mitad y sin semillas
- Sal y pimienta para probar
- 1 taza de quinua o arroz cocido
- 1 taza de tomates cherry, cortados por la mitad
- 1/2 taza de frijoles negros, escurridos y enjuagados
- 1/4 taza de granos de maíz (frescos o congelados)
- 1/4 taza de cebolla morada picada
- 1 taza de perejil fresco, picado
- 1/4 taza de cilantro fresco, picado
- 3 dientes de ajo, picados
- 1/4 taza de vinagre de vino tinto
- 1/2 taza de aceite de oliva
- 1 cucharadita de orégano seco
- 1/2 cucharadita de hojuelas de pimiento rojo (opcional)

INSTRUCCIONES:
a) Precalienta tu horno a 375°F (190°C).
b) Coloque las mitades de pimiento morrón en una fuente para horno, con el lado cortado hacia arriba.
c) Sazone los pimientos morrones con sal y pimienta.
d) En un tazón grande, combine la quinua o el arroz cocido, los tomates cherry, los frijoles negros, los granos de maíz y la cebolla morada picada.
e) En un recipiente aparte, mezcle el perejil picado, el cilantro, el ajo picado, el vinagre de vino tinto, el aceite de oliva, el orégano seco y las hojuelas de pimiento rojo para hacer la salsa chimichurri.
f) Vierta la salsa chimichurri sobre la mezcla de quinua o arroz y revuelva para cubrir uniformemente.

g) Vierta la mezcla de quinua o arroz en cada mitad de pimiento hasta que estén llenos.
h) Cubre la fuente para hornear con papel aluminio y hornea en el horno precalentado durante 25-30 minutos, o hasta que los pimientos estén tiernos.
i) Retirar del horno y dejar enfriar unos minutos antes de servir.
j) Sirva los pimientos rellenos de chimichurri calientes, adornados con perejil picado adicional si lo desea.

86. Barquitos de calabacín rellenos de chimichurri

INGREDIENTES:
- 4 calabacines grandes
- Sal y pimienta para probar
- 1 taza de quinua o arroz cocido
- 1 taza de tomates cherry, cortados por la mitad
- 1/2 taza de frijoles negros, escurridos y enjuagados
- 1/4 taza de granos de maíz (frescos o congelados)
- 1/4 taza de cebolla morada picada
- 1 taza de perejil fresco, picado
- 1/4 taza de cilantro fresco, picado
- 3 dientes de ajo, picados
- 1/4 taza de vinagre de vino tinto
- 1/2 taza de aceite de oliva
- 1 cucharadita de orégano seco
- 1/2 cucharadita de hojuelas de pimiento rojo (opcional)

INSTRUCCIONES:
a) Precalienta tu horno a 375°F (190°C).
b) Corta el calabacín por la mitad a lo largo y saca la pulpa para crear un centro hueco.
c) Coloque las mitades de calabacín en una fuente para horno, con el lado cortado hacia arriba.
d) Sazone las mitades de calabacín con sal y pimienta.
e) En un tazón grande, combine la quinua o el arroz cocido, los tomates cherry, los frijoles negros, los granos de maíz y la cebolla morada picada.
f) En un recipiente aparte, mezcle el perejil picado, el cilantro, el ajo picado, el vinagre de vino tinto, el aceite de oliva, el orégano seco y las hojuelas de pimiento rojo para hacer la salsa chimichurri.
g) Vierta la salsa chimichurri sobre la mezcla de quinua o arroz y revuelva para cubrir uniformemente.

h) Vierta la mezcla de quinua o arroz en cada mitad de calabacín hasta que estén llenos.
i) Cubre la fuente para hornear con papel aluminio y hornea en el horno precalentado durante 25-30 minutos, o hasta que los calabacines estén tiernos.
j) Retirar del horno y dejar enfriar unos minutos antes de servir.
k) Sirva calientes los botes de calabacín rellenos de chimichurri, adornados con perejil picado adicional si lo desea.

87. Filetes De Coliflor Con Chimichurri

INGREDIENTES:
- 1 cabeza grande de coliflor
- Sal y pimienta para probar
- 1 taza de perejil fresco, picado
- 1/4 taza de cilantro fresco, picado
- 3 dientes de ajo, picados
- 1/4 taza de vinagre de vino tinto
- 1/2 taza de aceite de oliva
- 1 cucharadita de orégano seco
- 1/2 cucharadita de hojuelas de pimiento rojo (opcional)

INSTRUCCIONES:
a) Precalienta tu horno a 425°F (220°C).
b) Retire las hojas de la coliflor y recorte el extremo del tallo para que quede plano.
c) Corta la coliflor en rodajas de 1 pulgada de grosor para crear "filetes".
d) Coloque los filetes de coliflor en una bandeja para hornear forrada con papel pergamino.
e) Sazone los filetes de coliflor con sal y pimienta.
f) En un tazón, mezcle el perejil picado, el cilantro, el ajo picado, el vinagre de vino tinto, el aceite de oliva, el orégano seco y las hojuelas de pimiento rojo para hacer la salsa chimichurri.
g) Unte la salsa chimichurri sobre los filetes de coliflor y reserve un poco para servir.
h) Ase en el horno precalentado durante 25-30 minutos, o hasta que la coliflor esté tierna y caramelizada, volteándola a la mitad.
i) Retirar del horno y dejar enfriar unos minutos.
j) Sirva los filetes de coliflor con chimichurri calientes, rociados con salsa chimichurri adicional.

88. Espárragos a la parrilla con chimichurri

INGREDIENTES:
- 1 manojo de espárragos, con las puntas duras cortadas
- Sal y pimienta para probar
- 1 taza de perejil fresco, picado
- 1/4 taza de cilantro fresco, picado
- 3 dientes de ajo, picados
- 1/4 taza de vinagre de vino tinto
- 1/2 taza de aceite de oliva
- 1 cucharadita de orégano seco
- 1/2 cucharadita de hojuelas de pimiento rojo (opcional)

INSTRUCCIONES:
a) Precalienta tu parrilla a fuego medio-alto.
b) Coloque los espárragos en una bandeja para hornear y rocíe con aceite de oliva. Condimentar con sal y pimienta.
c) Ase los espárragos durante 3-4 minutos por lado, o hasta que estén tiernos y carbonizados.
d) En un tazón, mezcle el perejil picado, el cilantro, el ajo picado, el vinagre de vino tinto, el aceite de oliva, el orégano seco y las hojuelas de pimiento rojo para hacer la salsa chimichurri.
e) Rocíe la salsa chimichurri sobre los espárragos asados y sirva inmediatamente.

89. Coles de Bruselas asadas con chimichurri

INGREDIENTES:
- 1 libra de coles de Bruselas, recortadas y cortadas por la mitad
- 2 cucharadas de aceite de oliva
- Sal y pimienta para probar
- 1 taza de perejil fresco, picado
- 1/4 taza de cilantro fresco, picado
- 3 dientes de ajo, picados
- 1/4 taza de vinagre de vino tinto
- 1/2 taza de aceite de oliva
- 1 cucharadita de orégano seco
- 1/2 cucharadita de hojuelas de pimiento rojo (opcional)

INSTRUCCIONES:
a) Precalienta tu horno a 400°F (200°C).
b) En un tazón grande, mezcle las coles de Bruselas con aceite de oliva, sal y pimienta hasta que estén cubiertas uniformemente.
c) Extienda las coles de Bruselas en una sola capa sobre una bandeja para hornear.
d) Ase en el horno precalentado durante 25-30 minutos, o hasta que las coles de Bruselas estén tiernas y doradas, revolviendo a la mitad.
e) En un tazón, mezcle el perejil picado, el cilantro, el ajo picado, el vinagre de vino tinto, el aceite de oliva, el orégano seco y las hojuelas de pimiento rojo para hacer la salsa chimichurri.
f) Rocíe la salsa chimichurri sobre las coles de Bruselas asadas y revuelva para cubrir.
g) Sirva las coles de Bruselas asadas con chimichurri calientes, adornadas con perejil picado adicional si lo desea.

90. Wraps vegetarianos con chimichurri

INGREDIENTES:
- 4 tortillas de harina grandes
- 2 tazas de quinua o arroz cocido
- 1 taza de tomates cherry, cortados por la mitad
- 1/2 taza de frijoles negros, escurridos y enjuagados
- 1/4 taza de granos de maíz (frescos o congelados)
- 1/4 taza de cebolla morada picada
- 1 taza de perejil fresco, picado
- 1/4 taza de cilantro fresco, picado
- 3 dientes de ajo, picados
- 1/4 taza de vinagre de vino tinto
- 1/2 taza de aceite de oliva
- 1 cucharadita de orégano seco
- 1/2 cucharadita de hojuelas de pimiento rojo (opcional)
- Ingredientes opcionales: rodajas de aguacate, lechuga rallada, pimientos morrones cortados en cubitos

INSTRUCCIONES:
a) En un tazón grande, combine la quinua o el arroz cocido, los tomates cherry, los frijoles negros, los granos de maíz y la cebolla morada picada.
b) En un recipiente aparte, mezcle el perejil picado, el cilantro, el ajo picado, el vinagre de vino tinto, el aceite de oliva, el orégano seco y las hojuelas de pimiento rojo para hacer la salsa chimichurri.
c) Vierta la salsa chimichurri sobre la mezcla de quinua y revuelva para cubrir uniformemente.
d) Calienta las tortillas de harina en una sartén seca o en el microondas.
e) Vierta la mezcla de chimichurri y quinua sobre cada tortilla y agregue los ingredientes que desee.
f) Enrolle bien las tortillas para formar envolturas.

g) Sirva los rollitos de verduras con chimichurri inmediatamente, cortados por la mitad si lo desea.

91. Mazorca de maíz asada con chimichurri

INGREDIENTES:
- 4 mazorcas de maíz, descascaradas
- Sal y pimienta para probar
- 1 taza de perejil fresco, picado
- 1/4 taza de cilantro fresco, picado
- 3 dientes de ajo, picados
- 1/4 taza de vinagre de vino tinto
- 1/2 taza de aceite de oliva
- 1 cucharadita de orégano seco
- 1/2 cucharadita de hojuelas de pimiento rojo (opcional)

INSTRUCCIONES:
a) Precalienta tu parrilla a fuego medio-alto.
b) Sazone el maíz con sal y pimienta.
c) En un tazón, mezcle el perejil picado, el cilantro, el ajo picado, el vinagre de vino tinto, el aceite de oliva, el orégano seco y las hojuelas de pimiento rojo para hacer la salsa chimichurri.
d) Ase el maíz durante 10 a 12 minutos, volteándolo ocasionalmente, hasta que se queme en algunas partes y esté bien cocido.
e) Retirar de la parrilla y dejar enfriar un poco.
f) Unte la salsa chimichurri sobre el maíz asado y reserve un poco para servir.
g) Sirva la mazorca de maíz asada con chimichurri caliente, con salsa chimichurri adicional a un lado.

92. Chimichurri Pisto

INGREDIENTES:
- 1 berenjena, cortada en cubitos
- 2 calabacines, cortados en cubitos
- 1 calabaza amarilla, cortada en cubitos
- 1 pimiento rojo, cortado en cubitos
- 1 pimiento amarillo, cortado en cubitos
- 1 cebolla, picada
- 3 dientes de ajo, picados
- Sal y pimienta para probar
- 1 taza de perejil fresco, picado
- 1/4 taza de cilantro fresco, picado
- 1/4 taza de vinagre de vino tinto
- 1/2 taza de aceite de oliva
- 1 cucharadita de orégano seco
- 1/2 cucharadita de hojuelas de pimiento rojo (opcional)

INSTRUCCIONES:
a) Precalienta tu horno a 375°F (190°C).
b) En una fuente para hornear grande, combine la berenjena cortada en cubitos, el calabacín, la calabaza amarilla, los pimientos morrones, la cebolla y el ajo picado.
c) Sazone las verduras con sal y pimienta.
d) En un tazón, mezcle el perejil picado, el cilantro, el vinagre de vino tinto, el aceite de oliva, el orégano seco y las hojuelas de pimiento rojo para hacer la salsa chimichurri.
e) Vierta la salsa chimichurri sobre las verduras y revuelva para cubrir uniformemente.
f) Cubre la fuente para hornear con papel de aluminio y hornea en el horno precalentado durante 45-50 minutos, revolviendo a la mitad, o hasta que las verduras estén tiernas.

g) Retirar del horno y dejar enfriar unos minutos antes de servir.
h) Sirva el pisto chimichurri tibio, adornado con perejil picado adicional si lo desea.

SOPAS CHIMICHURRI

93. Sopa De Pollo Chimichurri

INGREDIENTES:
- 1 cucharada de aceite de oliva
- 1 cebolla, picada
- 2 zanahorias, cortadas en cubitos
- 2 tallos de apio, cortados en cubitos
- 3 dientes de ajo, picados
- 6 tazas de caldo de pollo
- 2 tazas de pollo cocido, desmenuzado o cortado en cubitos
- Sal y pimienta para probar
- 1 taza de perejil fresco, picado
- 1/4 taza de cilantro fresco, picado
- 3 dientes de ajo, picados
- 1/4 taza de vinagre de vino tinto
- 1/2 taza de aceite de oliva
- 1 cucharadita de orégano seco
- 1/2 cucharadita de hojuelas de pimiento rojo (opcional)

INSTRUCCIONES:
a) Calienta el aceite de oliva en una olla grande a fuego medio. Agregue la cebolla, las zanahorias y el apio y cocine hasta que se ablanden, aproximadamente 5 minutos.
b) Agrega el ajo picado y cocina por un minuto más.
c) Vierta el caldo de pollo y lleve la sopa a fuego lento.
d) Agrega el pollo cocido a la olla y déjalo cocinar a fuego lento durante 10 a 15 minutos para permitir que los sabores se mezclen.
e) Sazone la sopa con sal y pimienta al gusto.
f) En una licuadora o procesador de alimentos, combine el perejil picado, el cilantro, el ajo picado, el vinagre de vino tinto, el aceite de oliva, el orégano seco y las hojuelas de

pimiento rojo. Licue hasta que quede suave para hacer la salsa chimichurri.

g) Sirva la sopa en tazones y rocíe cada porción con una cucharada de salsa chimichurri.

h) Sirva la sopa de pollo chimichurri caliente, con pan crujiente a un lado.

94. Sopa Chimichurri De Frijoles Negros

INGREDIENTES:
- 1 cucharada de aceite de oliva
- 1 cebolla, picada
- 2 dientes de ajo, picados
- 2 latas (15 onzas cada una) de frijoles negros, escurridos y enjuagados
- 4 tazas de caldo de verduras
- 1 cucharadita de comino molido
- 1/2 cucharadita de pimentón ahumado
- Sal y pimienta para probar
- 1 taza de perejil fresco, picado
- 1/4 taza de cilantro fresco, picado
- 3 dientes de ajo, picados
- 1/4 taza de vinagre de vino tinto
- 1/2 taza de aceite de oliva
- 1 cucharadita de orégano seco
- 1/2 cucharadita de hojuelas de pimiento rojo (opcional)

INSTRUCCIONES:
a) Calienta el aceite de oliva en una olla grande a fuego medio. Agregue la cebolla picada y cocine hasta que se ablande, aproximadamente 5 minutos.
b) Agrega el ajo picado a la olla y cocina por un minuto más.
c) Agrega los frijoles negros, el caldo de verduras, el comino molido y el pimentón ahumado a la olla. Lleva la sopa a fuego lento.
d) Deje que la sopa hierva a fuego lento durante 15 a 20 minutos para permitir que se desarrollen los sabores, revolviendo ocasionalmente.
e) Sazone la sopa con sal y pimienta al gusto.
f) En una licuadora o procesador de alimentos, combine el perejil picado, el cilantro, el ajo picado, el vinagre de vino

tinto, el aceite de oliva, el orégano seco y las hojuelas de pimiento rojo. Licue hasta que quede suave para hacer la salsa chimichurri.

g) Sirva la sopa de frijoles negros en tazones y rocíe cada porción con una cucharada de salsa chimichurri.

h) Sirva la sopa chimichurri de frijoles negros caliente, adornada con cilantro picado adicional si lo desea.

95. Sopa Chimichurri De Lentejas

INGREDIENTES:
- 1 cucharada de aceite de oliva
- 1 cebolla, picada
- 2 zanahorias, cortadas en cubitos
- 2 tallos de apio, cortados en cubitos
- 3 dientes de ajo, picados
- 1 taza de lentejas verdes o marrones secas, enjuagadas
- 6 tazas de caldo de verduras
- Sal y pimienta para probar
- 1 taza de perejil fresco, picado
- 1/4 taza de cilantro fresco, picado
- 3 dientes de ajo, picados
- 1/4 taza de vinagre de vino tinto
- 1/2 taza de aceite de oliva
- 1 cucharadita de orégano seco
- 1/2 cucharadita de hojuelas de pimiento rojo (opcional)

INSTRUCCIONES:
a) Calienta el aceite de oliva en una olla grande a fuego medio. Agregue la cebolla, las zanahorias y el apio cortados en cubitos y cocine hasta que se ablanden, aproximadamente 5 minutos.
b) Agrega el ajo picado a la olla y cocina por un minuto más.
c) Agrega las lentejas y el caldo de verduras a la olla. Lleva la sopa a fuego lento.
d) Deje que la sopa hierva a fuego lento durante 25 a 30 minutos, o hasta que las lentejas estén tiernas, revolviendo ocasionalmente.
e) Sazone la sopa con sal y pimienta al gusto.
f) En una licuadora o procesador de alimentos, combine el perejil picado, el cilantro, el ajo picado, el vinagre de vino tinto, el aceite de oliva, el orégano seco y las hojuelas de

pimiento rojo. Licue hasta que quede suave para hacer la salsa chimichurri.

g) Sirva la sopa de lentejas en tazones y rocíe cada porción con una cucharada de salsa chimichurri.

h) Sirve la sopa de lentejas chimichurri caliente, con pan crujiente a un lado.

96. Sopa De Tomate Chimichurri

INGREDIENTES:
- 1 cucharada de aceite de oliva
- 1 cebolla, picada
- 2 dientes de ajo, picados
- 2 latas (15 onzas cada una) de tomates cortados en cubitos
- 4 tazas de caldo de verduras
- 1 cucharadita de albahaca seca
- 1/2 cucharadita de orégano seco
- Sal y pimienta para probar
- 1 taza de perejil fresco, picado
- 1/4 taza de cilantro fresco, picado
- 3 dientes de ajo, picados
- 1/4 taza de vinagre de vino tinto
- 1/2 taza de aceite de oliva
- 1 cucharadita de orégano seco
- 1/2 cucharadita de hojuelas de pimiento rojo (opcional)

INSTRUCCIONES:
a) Calienta el aceite de oliva en una olla grande a fuego medio. Agregue la cebolla picada y cocine hasta que se ablande, aproximadamente 5 minutos.
b) Agrega el ajo picado a la olla y cocina por un minuto más.
c) Agrega los tomates cortados en cubitos, el caldo de verduras, la albahaca seca y el orégano seco a la olla. Lleva la sopa a fuego lento.
d) Deje que la sopa hierva a fuego lento durante 15 a 20 minutos para permitir que se desarrollen los sabores, revolviendo ocasionalmente.
e) Sazone la sopa con sal y pimienta al gusto.
f) En una licuadora o procesador de alimentos, combine el perejil picado, el cilantro, el ajo picado, el vinagre de vino

tinto, el aceite de oliva, el orégano seco y las hojuelas de pimiento rojo. Licue hasta que quede suave para hacer la salsa chimichurri.

g) Sirva la sopa de tomate en tazones y rocíe cada porción con una cucharada de salsa chimichurri.

h) Sirva la sopa de tomate chimichurri caliente, adornada con perejil picado adicional si lo desea.

97. Sopa De Verduras Chimichurri

INGREDIENTES:
- 1 cucharada de aceite de oliva
- 1 cebolla, picada
- 2 zanahorias, cortadas en cubitos
- 2 tallos de apio, cortados en cubitos
- 2 dientes de ajo, picados
- 1 calabacín, cortado en cubitos
- 1 calabaza amarilla, cortada en cubitos
- 6 tazas de caldo de verduras
- Sal y pimienta para probar
- 1 taza de perejil fresco, picado
- 1/4 taza de cilantro fresco, picado
- 3 dientes de ajo, picados
- 1/4 taza de vinagre de vino tinto
- 1/2 taza de aceite de oliva
- 1 cucharadita de orégano seco
- 1/2 cucharadita de hojuelas de pimiento rojo (opcional)

INSTRUCCIONES:
a) Calienta el aceite de oliva en una olla grande a fuego medio. Agregue la cebolla, las zanahorias y el apio cortados en cubitos y cocine hasta que se ablanden, aproximadamente 5 minutos.
b) Agrega el ajo picado a la olla y cocina por un minuto más.
c) Agrega el calabacín cortado en cubitos y la calabaza amarilla a la olla y cocina por otros 2-3 minutos.
d) Vierta el caldo de verduras y lleve la sopa a fuego lento.
e) Deje que la sopa hierva a fuego lento durante 15 a 20 minutos, o hasta que las verduras estén tiernas, revolviendo ocasionalmente.
f) Sazone la sopa con sal y pimienta al gusto.

g) En una licuadora o procesador de alimentos, combine el perejil picado, el cilantro, el ajo picado, el vinagre de vino tinto, el aceite de oliva, el orégano seco y las hojuelas de pimiento rojo. Licue hasta que quede suave para hacer la salsa chimichurri.

h) Sirva la sopa de verduras en tazones y rocíe cada porción con una cucharada de salsa chimichurri.

i) Sirva la sopa de verduras chimichurri caliente, con pan crujiente a un lado.

98. Sopa De Patata Chimichurri

INGREDIENTES:
- 2 cucharadas de mantequilla
- 1 cebolla, picada
- 2 dientes de ajo, picados
- 4 tazas de papas cortadas en cubitos
- 4 tazas de caldo de verduras
- Sal y pimienta para probar
- 1 taza de perejil fresco, picado
- 1/4 taza de cilantro fresco, picado
- 3 dientes de ajo, picados
- 1/4 taza de vinagre de vino tinto
- 1/2 taza de aceite de oliva
- 1 cucharadita de orégano seco
- 1/2 cucharadita de hojuelas de pimiento rojo (opcional)

INSTRUCCIONES:
a) En una olla grande, derrita la mantequilla a fuego medio. Agregue la cebolla picada y cocine hasta que se ablande, aproximadamente 5 minutos.
b) Agrega el ajo picado a la olla y cocina por un minuto más.
c) Agrega las patatas cortadas en cubitos y el caldo de verduras a la olla. Lleva la sopa a fuego lento.
d) Deje que la sopa hierva a fuego lento durante 15 a 20 minutos, o hasta que las patatas estén tiernas, revolviendo ocasionalmente.
e) Sazone la sopa con sal y pimienta al gusto.
f) En una licuadora o procesador de alimentos, combine el perejil picado, el cilantro, el ajo picado, el vinagre de vino tinto, el aceite de oliva, el orégano seco y las hojuelas de pimiento rojo. Licue hasta que quede suave para hacer la salsa chimichurri.

g) Sirva la sopa de papa en tazones y rocíe cada porción con una cucharada de salsa chimichurri.

h) Sirva la sopa de papa chimichurri caliente, adornada con perejil picado adicional si lo desea.

99. Sopa De Maíz Chimichurri

INGREDIENTES:
- 2 cucharadas de mantequilla
- 1 cebolla, picada
- 2 dientes de ajo, picados
- 4 tazas de granos de elote frescos o congelados
- 4 tazas de caldo de verduras
- Sal y pimienta para probar
- 1 taza de perejil fresco, picado
- 1/4 taza de cilantro fresco, picado
- 3 dientes de ajo, picados
- 1/4 taza de vinagre de vino tinto
- 1/2 taza de aceite de oliva
- 1 cucharadita de orégano seco
- 1/2 cucharadita de hojuelas de pimiento rojo (opcional)

INSTRUCCIONES:
a) En una olla grande, derrita la mantequilla a fuego medio. Agregue la cebolla picada y cocine hasta que se ablande, aproximadamente 5 minutos.
b) Agrega el ajo picado a la olla y cocina por un minuto más.
c) Agrega los granos de elote y el caldo de verduras a la olla. Lleva la sopa a fuego lento.
d) Deje que la sopa hierva a fuego lento durante 15 a 20 minutos, revolviendo ocasionalmente.
e) Sazone la sopa con sal y pimienta al gusto.
f) En una licuadora o procesador de alimentos, combine el perejil picado, el cilantro, el ajo picado, el vinagre de vino tinto, el aceite de oliva, el orégano seco y las hojuelas de pimiento rojo. Licue hasta que quede suave para hacer la salsa chimichurri.
g) Sirva la sopa de maíz en tazones y rocíe cada porción con una cucharada de salsa chimichurri.

h) Sirva la sopa de maíz chimichurri caliente, adornada con cilantro picado adicional si lo desea.

100. Sopa De Calabaza Chimichurri

INGREDIENTES:
- 2 cucharadas de aceite de oliva
- 1 cebolla, picada
- 2 dientes de ajo, picados
- 4 tazas de calabaza cortada en cubitos
- 4 tazas de caldo de verduras
- Sal y pimienta para probar
- 1 taza de perejil fresco, picado
- 1/4 taza de cilantro fresco, picado
- 3 dientes de ajo, picados
- 1/4 taza de vinagre de vino tinto
- 1/2 taza de aceite de oliva
- 1 cucharadita de orégano seco
- 1/2 cucharadita de hojuelas de pimiento rojo (opcional)

INSTRUCCIONES:
a) En una olla grande, calienta el aceite de oliva a fuego medio. Agregue la cebolla picada y cocine hasta que se ablande, aproximadamente 5 minutos.
b) Agrega el ajo picado a la olla y cocina por un minuto más.
c) Agregue la calabaza cortada en cubitos y el caldo de verduras a la olla. Lleva la sopa a fuego lento.
d) Deje que la sopa hierva a fuego lento durante 20 a 25 minutos, o hasta que la calabaza esté tierna, revolviendo ocasionalmente.
e) Sazone la sopa con sal y pimienta al gusto.
f) En una licuadora o procesador de alimentos, combine el perejil picado, el cilantro, el ajo picado, el vinagre de vino tinto, el aceite de oliva, el orégano seco y las hojuelas de pimiento rojo. Licue hasta que quede suave para hacer la salsa chimichurri.

g) Sirva la sopa de calabaza en tazones y rocíe cada porción con una cucharada de salsa chimichurri.

h) Sirva la sopa chimichurri de calabaza caliente, adornada con perejil picado adicional si lo desea.

CONCLUSIÓN

Al llegar al final de "El libro de cocina definitivo sobre chimichurri", esperamos que se haya inspirado para abrazar la versatilidad y vitalidad del chimichurri en sus aventuras culinarias. Desde los clásicos filetes a la parrilla hasta innovadores platos vegetarianos, el chimichurri ha demostrado ser un complemento versátil y sabroso para cualquier comida.

Pero nuestro viaje no termina aquí. A medida que continúas explorando el mundo del chimichurri en tu propia cocina, te animamos a experimentar, innovar y hacer tuya cada receta. Ya sea que estés ajustando las proporciones de hierbas, explorando nuevas combinaciones de sabores o descubriendo combinaciones inesperadas, deja que tu creatividad te guíe mientras desbloqueas todo el potencial del chimichurri.

Gracias por acompañarnos en este sabroso viaje por el mundo del chimichurri. Que tus creaciones culinarias estén llenas de sabores vibrantes, hierbas aromáticas y el sabor inconfundible de la salsa chimichurri. Hasta que nos volvamos a encontrar, ¡feliz cocina y buen provecho!

www.ingramcontent.com/pod-product-compliance
Lightning Source LLC
Chambersburg PA
CBHW070657120526
44590CB00013BA/993